À Maman, à Henri,
à Ivoa et Mélinée,
en mémoire de Rosine.

REBELLE ANTIGONE

Collection dirigée par Marie-Thérèse Davidson

Loi n° 49-956 du 16 juillet 1949 sur les publications destinées à la jeunesse,
modifiée par la loi n° 2011-525 du 17 mai 2011.
ISBN 978-2-09-282624-9

HISTOIRES NOIRES
DE LA MYTHOLOGIE

REBELLE ANTIGONE

Marie-Thérèse DAVIDSON
Illustrations : Élène USDIN
Dossier : Marie-Thérèse DAVIDSON

Nathan

*Les * dans le texte renvoient au lexique en fin d'ouvrage.*

CHAPITRE 1

SUR LA ROUTE DU RETOUR

La forêt s'éclaircissait, la route descendait maintenant vers la plaine. « Thèbes ! » Antigone et Ismène se regardèrent, émues. Elles avaient parlé – ou pensé tout haut ? – d'une seule voix. Mais ce nom n'évoquait pas la même chose pour chacune d'elles.

Pour Ismène, toute jeune encore – à peine seize ans –, aux yeux clairs et au doux visage arrondi, Thèbes restait la ville protectrice de son enfance. Après la mort de la reine Jocaste[1], la mère des deux sœurs, c'est leur

1. *Voir* Œdipe le maudit, *dans la même collection.*

nourrice Eurynomé qui avait continué à prendre soin d'elle, la chouchoutant comme une petite fille pendant ces cinq années.

Pour Antigone, presque vingt ans, regard sombre et joues creuses, Thèbes était la cité qui avait honteusement chassé leur père Œdipe, le roi aveugle, et l'avait forcé à vivre et à mourir en exil. Elle l'avait suivi, vagabonde et mendiante comme lui, pour lui. Ce n'est que peu avant la fin qu'Ismène les avait rejoints à Colone, auprès de Thésée*, le roi d'Athènes. Après la mort de leur père, ce même Thésée leur avait donné char et escorte pour qu'elles regagnent leur ville natale en toute sécurité.

Si Ismène était pressée de retrouver le cocon de Thèbes, il n'en allait pas de même pour Antigone. Elle avait besoin de temps pour se faire à l'idée qu'elle allait être enfermée entre des murailles, enfermée dans le gynécée, l'appartement des femmes – elle qui avait goûté la liberté amère des vagabonds. Et puis, la lourde atmosphère de Thèbes...

Mais comment y songer sereinement quand on est ballotté dans un char à quatre roues, sur un chemin tout caillouteux ? Elle écarta la tenture qui les protégeait de la poussière et du regard des hommes, et appela l'officier qui chevauchait à côté d'elles :

– Arrêtons-nous un instant, j'ai envie de faire quelques pas.

Ismène descendit à sa suite.

– Que t'arrive-t-il ? Depuis un moment déjà, tu as l'air tourmenté, anxieux.

– Je ne peux pas, Ismène. Arriver à Thèbes comme si rien ne s'était passé, comme si je revenais d'une longue promenade… Je vais vous laisser repartir sans moi, je viendrai plus tard, à pied.

– Alors, tu vas encore m'abandonner, encore aller de ton côté !

Ismène, les larmes aux yeux, se tut. Antigone lui caressa la joue d'un air attendri.

– Notre séparation ne sera pas longue, petite sœur, quelques heures, un jour ou deux peut-être. Ainsi, c'est toi qui m'accueilleras quand j'arriverai à mon tour, d'accord ?

Ismène hocha la tête en reniflant doucement. Antigone embrassa sa chevelure et partit prévenir l'officier de la garde. Celui-ci fit des difficultés : il ne pouvait se résoudre à enfreindre les instructions de Thésée, son roi. Toutefois, devant l'obstination d'Antigone, il s'inclina. En apparence seulement : il la fit suivre en secret par deux soldats détachés de l'escorte.

Munie d'un manteau et de quelques provisions, Antigone regarda s'éloigner le char si inconfortable qui emportait sa passagère aux yeux rougis. Elle s'en voulait un peu. « Pourquoi ne suis-je pas plus gentille avec

Ismène ? J'ai toujours l'impression que c'est une petite fille, qu'elle ne me comprendra pas. C'est peut-être faux… »

Antigone, songeuse, marchait depuis un court moment quand un bruit la sortit de ses pensées. Attentive soudain, elle s'arrêta, jeta un regard aigu alentour. Derrière elle, un bruissement de feuilles. Ferme sur ses jambes, elle fit demi-tour, prête à se défendre. Un homme apparut, qui s'immobilisa en sortant de sa cachette. De loin, pour la rassurer sans doute, il s'inclina devant elle. Il ne savait pas que ce geste venait de le sauver d'une mort certaine : à quelques pas de là, les deux soldats cachés baissèrent leur javelot.

– Princesse Antigone ?

– Oui, c'est bien moi. D'où me connais-tu ?

– La description de ton frère Polynice était exacte.

– Polynice ! Il est donc ici, lui aussi !

Les joues de la jeune fille rosirent de joie à cette nouvelle.

– Cela fait longtemps que je vous suis de loin. Il pensait bien que je trouverais l'occasion de te parler à l'écart des autres, pour t'inviter à venir le voir.

– Bien sûr ! Où est-il ? Pas à Thèbes, je suppose. À Argos, peut-être ?

– Non plus, il a établi son camp à côté d'ici.

– Son camp ! Il n'a donc pas abandonné l'idée d'une guerre…

La voix d'Antigone s'était brisée. Ainsi Polynice comptait mettre à exécution les menaces qu'il avait proférées, la dernière fois qu'ils s'étaient vus ; et ce qu'elle craignait le plus allait arriver !

– Mène-moi jusqu'à lui.

Pouvait-elle empêcher le pire ? Elle n'y croyait guère, mais elle devait au moins essayer.

À quelques mètres de là, les deux espions se regardaient, indécis. Fallait-il suivre la princesse ? Valait-il mieux rapporter à l'officier cette surprenante rencontre en plein bois ? Finalement, ils décidèrent de la suivre. Ainsi les quatre personnages, les deux premiers à découvert, les deux autres en se cachant, changèrent de direction, en route vers l'ouest, vers le camp de Polynice.

CHAPITRE 2

LE CAMP DE POLYNICE

Le campement s'étalait à l'orée du bois, dans un repli de la montagne, invisible depuis Thèbes. Le soir tombait, des feux s'allumaient. Les yeux perçants d'Antigone cherchaient à fendre l'obscurité naissante pour apercevoir son frère. Il devait l'attendre, car dès qu'elle se présenta à l'entrée du camp, il fut là comme par enchantement. D'abord une simple silhouette, haute et raide, et puis les traits du visage chéri : les yeux sombres et ardents, les boucles châtain, le pli au milieu du front. C'est vrai qu'ils se ressemblaient, autant qu'ils ressemblaient à leur père ! Elle n'eut guère le temps de le considérer, déjà elle ne touchait plus terre : il l'avait prise dans ses bras et la serrait à l'étouffer.

– Arrête, Polynice, tu m'empêches de respirer !

– Excuse-moi, sœurette ! Tu es venue, merci. Viens, tu vas t'installer dans ma tente.

Ils traversèrent le camp. Les soldats s'écartaient, détournant respectueusement leurs yeux de la jeune fille.

Quand ils furent enfin seuls, le frère et la sœur restèrent un bon moment silencieux, à se regarder. L'assurance de Polynice s'effritait.

– Cela fait tant d'années que tu es partie, Antigone ! Peut-être, si tu étais restée, les choses auraient-elles été différentes.

– Ah non, tu ne vas pas, en plus, me rendre responsable de vos folies. C'est vous, Étéocle et toi, qui avez chassé notre père, moi j'ai simplement refusé de l'abandonner. J'ai fait ce qui était juste à son égard, mais pour vous aussi j'ai fait mon possible. Souvent, j'ai essayé de le faire revenir sur la malédiction qu'il vous avait alors lancée – en vain, hélas. Mais vous ? Les deux frères ? Nos aînés ! Comment avez-vous pu vous laisser amener à cet affrontement ? Les malheurs qui nous ont accablés ne vous suffisent pas ?

Antigone s'échauffait en parlant. Elle sortait enfin ce qu'elle avait sur le cœur :

– Notre père tue son propre père, épouse notre mère – qui est la sienne aussi, se crève les yeux pour se punir et ne plus lire sa honte dans le regard d'autrui ; notre mère se suicide quand elle comprend son malheur ; et vous, vous n'en avez pas assez, vous ne pouvez pas vivre en paix tous les deux ?

– *Vous* ? s'indigna Polynice. Moi, je n'ai fait que répondre à l'injustice d'Étéocle. Souviens-toi : nous savions que la malédiction des Labdacides[1] ne nous épargnerait pas si nous ne faisions très attention. Et nous nous méfiions de la royauté et du pouvoir. Il nous fallait éviter la jalousie qui naît de l'injustice. La solution que nous avions trouvée était sage : nous devions régner un an tour à tour, simple conseiller de l'autre l'année suivante, pendant son règne. Ne me dis pas que ce n'était pas juste !

– Non, bien sûr. Mais vous avez abandonné cette idée depuis !

– Pas moi, rétorqua Polynice avec violence, ton frère !

– C'est le tien aussi !

– Non, ce n'est plus le mien. Il a trahi tout ce que j'aimais en lui. À mes yeux, c'est un traître, un parjure, et rien de plus.

Polynice serrait maintenant les poings de rage, il avait les larmes aux yeux. Antigone en fut effrayée, mais

1. Descendants de Labdacos, grand-père d'Œdipe.

elle se souvint du jeune garçon qui serrait pareillement les poings quand Étéocle gagnait aux osselets. Il l'aimait pourtant, son grand frère ! Allons, tout n'était peut-être pas perdu…

– Que lui est-il donc arrivé, reprit-elle, pour qu'à la fin de l'année il refuse de te céder ta place ? Il s'est passé quelque chose entre vous ?

– Rien du tout. À force de régner, notre aîné s'est pris pour Thèbes elle-même : toutes ses décisions lui étaient inspirées par la cité, déclarait-il, et nul autre que lui ne pouvait occuper sa place ! J'ai d'abord tenté de le raisonner, de discuter. Peine perdue ! Et puis mes conseils ont déplu, ma présence elle-même a déplu, et je suis parti en exil, à Argos, loin de MA ville, loin de cette royauté qui m'était due…

– Je sais aussi bien que toi ce qu'est l'exil, j'ai même connu pire, la mendicité ! Toi, tu as reçu un accueil suffisamment heureux : tu es devenu le gendre d'Adraste, le roi d'Argos. Tu n'es pas si mal loti. Et pourtant tu veux la guerre, Polynice ? Sais-tu ce qu'est une guerre ?

– Mais je suis aussi le fils d'Œdipe ! Cette place m'est due autant qu'à mon frère !

– Et pour cette place, tu laisserais des étrangers tuer tes concitoyens, emmener les femmes en esclavage, abattre nos temples* !

– Cela n'arrivera pas, les Thébains me reconnaîtront pour leur roi.

– C'est ce que tu imagines…

Polynice baissait la tête, l'air têtu. Il ne voulait rien entendre. Face à l'obstination du jeune homme, Antigone ne savait plus que dire. Jusqu'où iraient-ils, Étéocle et lui ? Lasse de ce dialogue de sourds, elle prétexta la fatigue du voyage pour prendre quelques instants de repos… et d'isolement.

À l'entrée du camp, les deux soldats de Thésée se disputaient à voix basse. L'un voulait rentrer à Athènes : après tout, si Antigone était avec un de ses frères – peu importe lequel –, elle était en sécurité ; l'autre voulait rejoindre son capitaine à Thèbes, et lui rendre compte de la situation. Perdus dans leur différend, ils n'entendirent pas les sentinelles argiennes qui s'approchaient à pas de loup, et les firent prisonniers. Finalement, ce fut Polynice qui trancha : heureux d'apprendre avec quelle sollicitude Thésée avait traité ses sœurs, il chargea les deux gardes d'un message de remerciement pour leur roi, non sans les avoir récompensés de leur zèle. Ils reprirent donc la route du retour, un peu inquiets toutefois de l'accueil qui les attendait.

En les empêchant d'aller à Thèbes, Polynice évitait aussi le risque qu'Étéocle apprenne trop tôt l'emplacement du camp des Argiens, alors que tous les alliés n'étaient pas encore arrivés.

Le lendemain, Antigone se réveilla avec le jour. Polynice l'attendait déjà devant sa tente.

– Que vas-tu faire ? Tu ne veux pas rester avec moi ?

– Non, je retourne à Thèbes comme prévu, répondit-elle. Je veux vous éviter la guerre, c'est la seule chose qui compte.

– Je ne changerai pas d'idée, je veux ma part de royauté.

– Et si tu l'obtiens, qu'en feras-tu ?

– Ce que nous avions décidé, et qui est juste : je régnerai un an, et je rendrai le trône à Étéocle pour un an.

Attendrie par le sens aigu de la justice qui animait son frère – tout autant que son stupide entêtement –, Antigone sourit à Polynice.

– Eh bien, je serai ton porte-parole, ton messager. Je vais essayer à mon tour de convaincre Étéocle.

Mais Polynice ne lui rendit pas son sourire ; son front restait barré du pli trop connu. De nouveau inquiète devant la violence qui habitait le jeune homme, elle sentit bien que son combat à elle n'était pas gagné d'avance.

– Au revoir, mon frère. J'espère que nous nous reverrons bientôt, sans nous cacher, dans une ville en paix.

– Cela ne dépend plus de moi, répondit Polynice avec hargne. Si Étéocle veut la guerre, il l'aura.

CHAPITRE 3

ARRIVÉE À THÈBES

Antigone emprunta la route d'Athènes, pour ne pas révéler le détour qu'elle venait de faire à l'ouest. En moins de trois heures de marche, elle arriva en vue de Thèbes. Les murailles étaient hautes et puissantes. Plus puissantes encore que dans son souvenir. Parce qu'elles lui faisaient peur ? Ou parce qu'Étéocle avait fortifié la cité ? Elle le saurait dans une heure. Quant à la solide porte de Dircé[1], elle semblait fermée. Où était-elle, l'époque bienheureuse où Thèbes n'avait rien à craindre de ses voisins, et

1. Du nom d'une rivière qui prend sa source au pied de l'acropole de Thèbes.

gardait ses sept portes ouvertes durant le jour ? Antigone secoua la tête et tenta de vaincre le sentiment d'oppression qui la gagnait au fur et à mesure que se rapprochait la ville.

Comme elle l'avait pressenti, les lourds vantaux de la porte étaient clos. L'un d'eux était seulement entrebâillé, et gardé par toute une compagnie de sentinelles. Avec sa tenue froissée et salie par le chemin parcouru, Antigone eut beaucoup de mal à se faire reconnaître par le sous-officier en faction devant la porte. Mais finalement, pris de doute devant son assurance, et peut-être frappé par sa ressemblance avec l'ancien roi, il la laissa entrer. La jeune fille, qu'une forêt n'effrayait pas, se sentait soudain si mal à l'aise dans sa propre ville qu'elle demanda – et obtint – une escorte pour l'accompagner au palais. Heureusement, car elle ne reconnaissait rien ! « Il n'y a pourtant pas si longtemps que je suis partie... » Non, il n'y avait pas si longtemps ! Mais son esprit semblait avoir effacé tous les souvenirs d'*avant*, sauf les visages de ceux qu'elle aimait.

Aussi, quels furent son soulagement et son bonheur quand, à l'intérieur du palais, elle vit Eurynomé à la porte du gynécée ! Celle-ci ne lui laissa pas le temps de parler, et s'exclama en la serrant sur sa poitrine :

– Antigone, ma petite, ma chérie ! Je me demandais si nous allions te revoir un jour. Ah, tu es bien la tête de mule de toujours, il fallait que tu L'accompagnes jusqu'au bout…

La brave nourrice laissait couler sans honte les larmes sur ses joues.

Attirées par le bruit, Ismène et les autres servantes accoururent, et Antigone se sentit embrassée de tous côtés. Toutes riaient, pleuraient, mêlant leurs bras et leurs chevelures. Enfin, enfin, elle était arrivée, elle retrouvait un nid !

Les regardant l'une après l'autre, elle eut un mot chaleureux pour toutes celles qu'elle reconnaissait, Doris, Hermia, Sophrô, Mélainé… Et surtout Clélia, la préférée de la reine Jocaste. Tout émue de la revoir, elle lui demanda de prendre dorénavant soin d'elle.

Après ces embrassades, les deux sœurs retrouvèrent un peu d'intimité et Antigone s'empressa d'interroger Ismène.

– Comment va Étéocle ? Dans quel état d'esprit est-il ? Crois-tu qu'il veuille vraiment la guerre ?

– Je ne l'ai guère aperçu depuis hier : il prend sa fonction de roi très au sérieux et il est partout à la fois… sauf avec moi ! Mais ne t'inquiète pas, tu le rencontreras vite. Je pense que lui aussi a hâte de te revoir. Quant à la guerre, je suppose qu'en arrivant tu as remarqué les portes fermées, et les gardes qui patrouillent. Je crois que presque tous les Thébains sont maintenant sous les armes. Et dire que c'est Polynice qui mène nos ennemis !

Sans laisser à sa sœur le temps d'intervenir, elle ajouta :

– Et toi ? Qu'as-tu fait depuis hier ? Pas de mauvaise rencontre, j'espère ?

Antigone, malgré ses bonnes résolutions à l'égard de sa sœur, lui mentit encore, et ne parla pas de son détour au camp argien. Ismène reprit :

– Il n'y a personne d'autre que tu as envie de retrouver ? Tu m'étonnes…

Surprise, l'aînée regarda sa cadette qui souriait gentiment, une légère ironie dans le regard. Soudain elle rougit fortement, pendant qu'Ismène éclatait de rire.

– Décidément, cette histoire de guerre te fait tourner la tête, insista-t-elle. Alors, tu as même oublié Hémon ?

– Hémon, répéta Antigone pensivement. Mon ancien fiancé…

– Pourquoi *ancien* ? Je t'assure que pour lui, tu n'es pas *ancienne*…

– Tu crois ? Cela fait si longtemps… Et j'ai tellement changé…

– C'est vrai, acquiesça Ismène avec une petite moue. Tu n'étais déjà pas très coquette, mais maintenant ! Non, je plaisante, tu es toujours aussi belle. La brune Antigone, aux yeux de braise… Un peu maigre seulement… Et il te faudra de belles robes…

– Ne te moque pas, je me suis endurcie, tu sais, il le fallait bien. Il valait mieux aussi, pendant ces années d'errance, ne pas être trop belle…

– Tu as eu une vie très difficile, n'est-ce pas ? Je voudrais tant pouvoir te faire oublier…

Ismène s'était redressée, les mains tendues vers sa sœur. Antigone fut tout émue par tant de tendresse et de sollicitude.

– Si cela ne dépendait que de toi… Mais ces menaces de guerre me tourmentent, et cette lutte fratricide… J'entends encore la malédiction de notre père. Je voudrais seulement qu'Étéocle…

Les deux sœurs tombèrent dans les bras l'une de l'autre… et se séparèrent aussitôt, parce qu'Eurynomé entrait, annonçant un visiteur dont le nom fit tressaillir Antigone : Hémon.

Hémon était leur cousin, le fils de leur oncle Créon, et après la mort de sa mère, il avait été élevé par sa tante Jocaste, avec Étéocle et Polynice. Il était moins grand que ses cousins, et beaucoup plus doux. Malgré ses vingt-deux ans, le même âge que Polynice, il restait le jeune homme attentif et respectueux qu'il était déjà à l'adolescence.

Devant Antigone, ce jour-là, il se montra particulièrement timide. Rougissant, silencieux, il la salua en restant à distance. Ismène, que l'attitude des deux jeunes gens amusait beaucoup, dénoua la situation.

– Salut à toi, Hémon. Antigone nous est revenue, tu vois.

– Je vois. Bienvenue à Thèbes, Antigone. Je... Je suis... heureux que tu sois de retour parmi nous.

– Merci, Hémon, répondit la jeune fille, non moins embarrassée que lui. Je suis heureuse aussi de vous retrouver tous.

Comme Hémon se taisait encore, elle ajouta :

– Mais il manque Polynice... et la paix.

Hémon sursauta, et prit son temps pour expliquer :

– Je te comprends, Antigone, Polynice est ton frère, et cela fait longtemps que tu es partie. C'est difficile à dire, mais maintenant c'est un... un traître, un ennemi ! C'est lui qui mène les Argiens à l'assaut de Thèbes !

– Mais c'est aussi la faute d'Étéocle, non ? C'est quand même lui qui a poussé Polynice à l'exil !

– Étéocle est le roi, Antigone !

Effarée, la jeune fille considérait alternativement son cousin et sa sœur, qui hochait tristement la tête en signe d'approbation. Voilà donc ce que pensaient les Thébains : maintenant qu'Étéocle était le roi, on ne mettait en doute ni ses actions ni ses décisions ! Même Hémon, Hémon le compagnon de jeux de Polynice, Hémon dont elle connaissait la réflexion et le jugement, Hémon qu'elle aimait...

« Allons, ce n'est pas avec lui qu'il faut discuter, encore moins avec Ismène. Il faut voir Étéocle... » Antigone, à cette idée, s'était reprise, comme éloignée. Hémon le sentit, sans bien en comprendre la raison.

– Tu ne me parles pas de toi, Antigone. Comment se sont écoulées ces cinq années ? Te souviens-tu d'*avant* ? De ce que nos parents avaient décidé ? ajouta-t-il à voix basse.

– Je suis orpheline maintenant, Hémon, rétorqua doucement Antigone. La décision appartient surtout à ton père et à toi. Et à mes frères.

– Je suis toujours ton fiancé, Antigone. Mais toi ? Tu ne me réponds pas ?

– Je suis ta fiancée, Hémon.

Les deux jeunes gens se regardèrent un long moment en silence, comme pour fixer l'image de l'aimé au fond de leur cœur. Ils s'étaient retrouvés, certes, mais ce n'était pas l'heure de parler mariage…

CHAPITRE 4
LE ROI DE THÈBES

L'après-midi était bien entamé quand Étéocle fit savoir qu'il attendait sa sœur dans le mégaron, la grand-salle du palais. Antigone se précipita d'abord, puis inconsciemment ralentit le pas, anxieuse de savoir qui elle allait trouver.

Quand elle était partie avec son père, cinq ans plus tôt, elle avait à peine dit adieu à ses frères. C'est Étéocle alors qui déjà occupait le trône – ce trône qu'il n'avait jamais voulu abandonner par la suite. À ce moment, elle lui en voulait, comme elle en voulait à Polynice, de se montrer injurieux et arrogant envers ce père qu'elle chérissait. Depuis… Depuis, elle avait eu le temps de réfléchir, de pardonner. D'abord, c'étaient ses frères, et ce n'était pas plus facile pour eux que pour elle d'être les enfants d'Œdipe. Chacun réagissait selon son caractère, sa position. Elle était une fille, et n'avait pas à se préoccuper du trône et de la puissance de Thèbes. Eux, si…

Elle n'avait plus entendu parler d'eux jusqu'à leur brusque arrivée à Colone, chez Thésée, à peu de jours d'intervalle. La mort d'Œdipe était proche, annoncée par un songe. Qui avait rapporté ce songe aux deux frères ? Elle ne le savait pas, mais à cette occasion, elle avait appris qu'ils étaient devenus ennemis irréductibles, et que chacun venait prier son père, maintenant que sa mort allait le rapprocher des dieux, de lui apporter son aide contre l'autre. Or Œdipe avait refusé de les voir et de trancher, se contentant de renouveler sa malédiction :

– Qu'ils s'entre-tuent pour Thèbes, puisqu'ils ont tellement envie d'y régner !

Les mots, la voix, le ton de son père étaient encore dans la mémoire d'Antigone, menace que rien n'effaçait.

Elle se tenait maintenant devant son frère, tout intimidée. C'est vrai qu'il avait l'air d'un roi, le bel Étéocle, grand, fier, droit, plus encore que dans son souvenir.

– Sœur, sœurette, enfin te voilà revenue !

Comme dans un rêve, elle se sentit saisie dans ses bras. Comme l'*autre*, il lui faisait le même accueil. Elle avait envie de chanter et de pleurer en même temps. Comment choisir entre deux frères ?

Étéocle la fit asseoir et l'interrogea sur les années passées sur les routes, seule avec Œdipe. Mais le ton changea quand Antigone aborda la situation de Thèbes.

– Pourquoi une guerre ? demanda-t-elle. Ne peux-tu partager le trône avec Polynice comme vous l'aviez décidé au départ ?

– Partager le trône avec un traître, un homme qui n'hésite pas à s'allier avec nos ennemis pour s'attaquer à notre ville ? Comment peux-tu même y penser ?

– Mais Polynice ne serait pas allé chercher aide et refuge auprès d'Adraste, le roi d'Argos, si tu ne lui avais pas refusé le trône de Thèbes !

– Tu vois bien que j'avais raison de me méfier de lui, un homme capable de trahir ainsi sa propre cité !

– Mais…

Antigone se tut, réalisant avec horreur qu'aucun de ses deux frères ne pouvait, ne voulait entendre sa voix. Frissonnante, elle crut entendre ricaner dans son dos l'Érinys[1] de son père. Les dieux étaient insatiables, ils voulaient encore voir couler le sang des Labdacides !

1. *Déesse de la vengeance qui punit les crimes de sang au sein d'une même famille.*

Étéocle s'était-il aperçu de quelque chose ? Non, car il continuait :

– Ne t'inquiète pas, sœurette, nos murailles et nos sept portes ont été fortifiées, nos défenseurs sont courageux et bien entraînés, tu seras à l'abri comme toutes les Thébaines.

Il avait un grand sourire qui se voulait rassurant. Mais l'angoisse d'Antigone s'en trouva accrue : il n'avait rien compris, il ne se souvenait de rien, et surtout pas de la menace qui pesait sur lui comme sur Polynice…

Sur qui pouvait-elle fonder encore quelque espoir, qui aurait assez de bon sens pour l'écouter ?

– Créon !

– Créon ? Mais bien sûr, il arrive, dit Étéocle, l'air surpris.

Antigone, confuse, réalisa qu'elle n'écoutait plus son frère depuis un instant déjà, et qu'elle avait pensé tout haut.

– C'est mon principal conseiller, poursuivit Étéocle, il a une telle expérience !

« Certes, songea la jeune fille, il a toujours été là pour assurer la régence. Après le meurtre de Laïos, le premier époux de notre mère. Après la mutilation d'Œdipe, notre père… Sera-t-il toujours là quand vous vous serez entre-tués ? »

Cette fois, Antigone eut la sagesse de se taire.

Peu après, Créon entrait. L'accueil qu'il fit à Antigone fut affectueux, mais sans la chaleur qu'elle avait sentie chez tous ceux qu'elle venait de retrouver. Ou n'était-ce qu'une impression ? Après tout, Créon était son oncle, le frère de Jocaste. Il lui en voulait peut-être d'avoir accompagné Œdipe sur la route de l'exil… Elle passa rapidement les salutations d'usage et les nouvelles de toutes ces années d'absence pour aborder le sujet qui lui tenait à cœur.

– Mon oncle, Étéocle me dit que tu es son principal conseiller. Ce rôle te revient de droit, mais tu le mérites aussi par ton expérience et ta sagesse…

– Ma nièce se mêle de politique, maintenant ! l'interrompit Créon d'un air railleur.

Antigone se mordit la lèvre : Créon n'était pas seulement un homme expérimenté, c'était un homme… tout court. À ses yeux, une femme n'avait pas d'opinion. Ou si elle en avait une, elle devait la garder pour elle car cela n'intéressait personne. La jeune fille continua néanmoins :

– Non, Créon, je ne fais pas de politique, je laisse la conduite de la cité aux hommes. Mais si Thèbes est assiégée, si Thèbes est vaincue, comme toutes les autres femmes je serai une proie pour l'ennemi. Il pourra faire de moi ce qu'il voudra. Une esclave, voilà ce que je serai ! Et l'esclavage est la pire des choses. Est-ce se mêler de politique que tout faire pour l'éviter ? Refuser cette guerre qui s'annonce, avec son cortège d'horreurs ?

En écoutant ce discours, les deux hommes étaient passés par différents sentiments, cela se lisait sur leur visage. Attentifs, puis apitoyés, ils souriaient maintenant, avec la suffisance de ceux qui savent, et qui doivent expliquer aux ignorants ou aux simples d'esprit :

– Tu es encore bien jeune, répondit Créon, devançant Étéocle. Personne ici ne souhaite la guerre, tu penses bien que si ton frère n'était pas un homme de paix, jamais je ne l'aurais soutenu ! Mais si Polynice nous impose l'affrontement, devons-nous capituler sans nous battre ? Comme des traîtres et des lâches ?

– Non, ce n'est pas ce que je dis. Mais si vous ne souhaitez pas la guerre, comme vous le prétendez, qu'attendez-vous pour faire la seule chose qui permettrait de l'éviter : donner le trône à Polynice pour un an ?

Étéocle n'avait pas compris jusque-là ce qu'Antigone cherchait à obtenir. Ses dernières paroles le pétrifièrent. Il ouvrit la bouche, mais aucun son n'en sortit. Créon vint à son secours :

– Antigone, c'est monstrueux ! Tu voudrais qu'Étéocle, le roi de ce pays, abandonne son trône à Polynice ? ! Mais ce serait livrer la cité à ses ennemis, à ceux qui se rassemblent en ce moment même pour l'assiéger, la détruire, la mettre à sac – puisque c'est Polynice qui est à leur tête ! !

– Ma sœur, ma propre sœur, articula enfin Étéocle. C'est donc à cela que tu pensais ! Et tu espérais trouver appui auprès de Créon ! ajouta-t-il avec un rire amer.

– Quelle erreur, ma pauvre petite, renchérit Créon. Depuis le début, j'étais opposé à l'arrangement conclu entre tes deux frères : de vrais enfants ! Comment imaginer sérieusement le pouvoir partagé en deux ? Cela ne pouvait que nous affaiblir. C'est là que nous serions devenus la proie de tous nos voisins ! Heureusement, une fois roi, ton frère a eu la sagesse de comprendre cela, et de ne pas céder sa place. Mais Polynice n'a rien voulu entendre. C'est une tête brûlée qui ne pense qu'à lui, jamais à la cité.

Antigone suivait les explications de son oncle. Elle n'y comprenait plus rien : chacun semblait si sûr de son bon droit, de sa vérité ! Et pourtant…

« Ils ont tous raison, et ils vont tous mourir ! Les dieux les guettent et s'amusent de leur raison… Folle raison ! Et de moi aussi, les dieux se moquent sûrement, avec mes stupides tentatives pour arrêter ce qui est déjà en marche… »

CHAPITRE 5
LES SEPT PORTES

Les jours succédaient aux jours, sans grand changement pour les jeunes filles, qui sortaient peu du gynécée. Elles avaient des nouvelles de l'extérieur par Étéocle, Hémon ou Créon, ou bien par les servantes, qui les tenaient elles-mêmes de leur mari, de leurs fils, de leur fiancé.

La tension montait lentement à Thèbes, les esprits étaient surchauffés, tous les hommes n'aspiraient plus qu'à une chose : la guerre ! Vivement qu'elle éclate, une bonne fois pour toutes ! Et que les plus forts (c'est-à-dire les Thébains, bien sûr) gagnent ! Ils avaient en

Étéocle une confiance absolue, la même que celle qu'ils manifestaient autrefois à Œdipe. Comme autrefois, de longues processions parcouraient la cité, processions de femmes puisque les hommes étaient sous les armes. Antigone et Ismène les conduisaient, suivies des épouses et des filles des plus nobles Thébains portant les offrandes*. Elles invoquaient non seulement les noms d'Athéna*, Apollon* et Artémis*, les dieux protecteurs de Thèbes, mais aussi celui d'Arès*, le dieu de l'ardeur guerrière, sans qui il n'est point de victoire possible, et celui de Zeus* Tout-Puissant, qui tient la balance entre les camps ennemis. Les femmes étaient moins enthousiastes que les hommes : la guerre a toujours fait peur aux femmes et la mort glorieuse effraie moins ceux qui vont mourir que celles qui restent pour les pleurer.

Puis un jour, on entendit les sentinelles crier :

– Aux portes ! Aux portes !

Un nuage de poussière s'élevait à l'horizon. Très vite, toute la population de Thèbes fut sur les murailles, regardant avancer cette nuée annonciatrice d'orage. Au fil des heures, la nuée s'approchant, on put distinguer les hommes qui marchaient sur la cité :

– Comme ils sont nombreux !

– Où est Polynice ?

– Voit-on Adraste ?

– Regardez là-bas, on distingue des colonnes !

– Il y en a sept !

En effet, l'armée argienne avançait en sept colonnes, et sept chefs la conduisaient, qu'on reconnaissait à leurs casques empanachés et à leurs boucliers décorés d'or et d'argent, qui brillaient de mille feux sous l'éclat du soleil.

Les Thébains frémissants regardèrent les ennemis établir leur campement à courte distance de leurs fortifications. Les longues colonnes s'étirèrent autour des murailles, de façon à encercler totalement la cité.

Au palais, Étéocle avait réuni un conseil restreint de vieillards et de chefs d'armée. Tous les visages étaient sérieux, les esprits tendus.

– Ne leur donnons pas le temps de s'installer, fit l'un des capitaines, tentons une sortie tout de suite.

– Quelle folie ! rétorqua un vieillard, renforçons d'abord la garde de nos murailles, et laissons-les se décourager sans prendre de risque.

– Et toi, Créon, qu'en dis-tu ? interrogea le roi. Pour moi, notre armée est forte et bien entraînée, mais la leur est immense.

Créon prit le temps de réfléchir.

– Même en tenant compte de la solidité de nos défenses, leur armée semble très dangereuse, c'est vrai. Que penses-tu de ces sept colonnes, Étéocle ?

– Elles me font penser à nos sept portes…

– Exactement. Cela signifie qu'il faut masser nos troupes autour de chacune des portes, et mettre à la tête de chaque bataillon un chef valeureux, prêt à se faire tuer plutôt que laisser passer l'ennemi.

Cette idée reçut l'approbation unanime. Il fallait maintenant désigner les responsables de chacune des portes. Les nobles présents se disputèrent l'honneur de défendre la cité. Quand vint le tour de nommer celui qui s'opposerait à Polynice, Étéocle se désigna lui-même.

– Je ne laisserai ce soin à personne d'autre, déclara-t-il farouchement.

Les hommes s'entre-regardèrent, impressionnés par la haine qui brûlait dans sa voix et dans ses yeux.

– Si je dois mourir, je l'entraînerai avec moi dans la mort, j'en fais le serment.

Les femmes étaient rentrées dans les maisons. Au gynécée du palais, malgré la nuit avancée, personne ne dormait, toutes les servantes s'étaient réfugiées auprès d'Ismène. Antigone se tenait à l'écart, rongée par un sourd pressentiment. Clélia, à son côté, cherchait à la rassurer :

– Voyons, Antigone, notre armée est forte, tu sais. Nos hommes nous défendront, et ne laisseront pas Thèbes tomber aux mains de l'ennemi.

– Je l'espère comme toi, ma douce Clélia. Mais ce n'est pas cela…

– C'est l'idée de Polynice qui la tourmente ! intervint Ismène.

Depuis les coussins où elle s'était lovée, la jeune fille suivait leur conversation, toujours attentive à sa sœur, comme si elle avait craint de la voir s'éloigner une fois encore. Antigone esquissa un pauvre sourire à cette intervention. Elle commençait à s'habituer à l'affection inquiète d'Ismène, à ne plus se sentir prisonnière de sa sollicitude.

– Polynice et Étéocle. Nos deux frères dans deux armées ennemies.

Antigone parlait d'une voix rauque. Les servantes la regardaient d'un air navré, hochant la tête avec compassion. Nulle ne dit mot.

– S'ils se retrouvaient face à face ? ajouta-t-elle dans un souffle.

Le jour n'était pas encore levé qu'une forte rumeur, s'élevant du camp ennemi, alerta les sentinelles.

– Ils se préparent à attaquer !

En effet les Argiens accomplissaient les sacrifices* destinés à mettre les dieux de leur côté…

De leur côté ? Mais sur les autels* thébains aussi, on égorgeait des victimes. Dans chaque camp, un devin* fouillait les entrailles des animaux sacrifiés pour connaître la volonté des dieux, et l'issue de cette guerre. Lequel des deux adversaires ferait pencher en sa faveur la balance des destins ?

Peu après, les assiégés virent un char s'avancer vers Thèbes.

– Regardez, c'est Amphiaraos, le devin !

– On dit qu'il doit mourir sous nos murs !

– Il le sait depuis longtemps, il l'a lu dans les entrailles avant le départ d'Argos.

– Il est pourtant venu…

– … Le fou !

– Non, c'est normal : il a promis son aide à Polynice, il tient parole.

– En attendant, il fait le tour de nos murailles avec les dépouilles des animaux sacrifiés. Il nous encercle de leur sang ! Si les dieux entendent ses prières, toute la ville est condamnée…

Deux heures plus tard, Étéocle se félicitait des conseils de Créon. En effet, les sept armées argiennes s'étaient rassemblées puis mises en marche, s'étirant en sept longues files qui convergeaient au rythme des tambours, dessinant les branches d'une étoile dont le cœur était Thèbes. Sept armées, sept chefs, sept portes. Et derrière chacune des portes, un bataillon compact et résolu, autour d'un chef intrépide.

CHAPITRE 6

FRÈRES ENNEMIS

Derrière la porte qui, quelques semaines plus tôt, avait livré passage à Antigone – la porte de Dircé –, Étéocle en personne se tenait prêt au combat, robuste et droit comme le chêne du Cithéron[1], aussi solide. Sa simple présence inspirait confiance. Mais Hémon, qui était son lieutenant, sentait que quelque chose le rongeait de l'intérieur. Cela se voyait à ses yeux fiévreux, à ses mains crispées sur sa lance. L'armée qui approchait de la porte de Dircé était celle de son frère.

1. Montagne séparant la région de Thèbes (Béotie) de celle d'Athènes.

Quand Polynice fut arrivé en vue des murailles, retenant ses chevaux fougueux, il se dressa sur son char et voulut haranguer les Thébains :

– Compagnons de ma cité, ce n'est pas vous que je viens attaquer, mais le traître et le parjure qui est sur le trône. Donnez-moi la place que je réclame, chassez Étéocle, et…

Il voulait promettre que son armée s'éloignerait plus vite qu'elle n'était venue, mais il n'en eut pas le temps : des huées l'interrompirent. Elles s'apaisèrent quand la voix de son frère s'éleva, claire et forte, au-dessus des remparts :

– Qui est le traître, Polynice ? Ne te mens pas : c'est Thèbes que tu attaques, et elle seule. Mais c'est moi que tu trouves en face de toi pour la protéger !

Tandis qu'Étéocle ajustait le casque sur ses joues et assurait sa lance dans la main, le cri de guerre de Polynice retentit à l'extérieur. Le cri fut repris et se propagea tout autour des murs. De l'intérieur retentit celui des Thébains, et les deux rugissements se mêlèrent jusqu'à n'en former plus qu'un, assourdissant…

Les assaillants avaient abattu dans la forêt les arbres les plus droits qu'ils avaient pu trouver, ils en avaient coupé les branches et ils s'en servaient pour attaquer les portes de toutes leurs forces, malgré la défense énergique des Thébains. Ceux-ci faisaient pleuvoir sur les Argiens flèches et pierres, et touchaient souvent leurs cibles, malgré les boucliers protecteurs. Mais sous la pression ennemie, les portes finirent par céder ! Thèbes n'était pas encore envahie pour autant. C'était maintenant une lutte rapprochée, lance contre lance, épée contre épée, homme contre homme.

À chaque porte, le combat faisait rage. Mais nulle part il n'était aussi violent qu'à la porte de Dircé.

Quand Polynice avait surgi par la brèche faite au rempart, tous les soldats s'étaient écartés devant cette terrible apparition. On aurait cru le dieu Arès en personne. Son casque était surmonté d'une aigrette noire, menaçante ; sur son bouclier, deux silhouettes scintillaient au soleil, l'une d'argent représentant un homme, lui-même, que menait par la main la deuxième silhouette toute d'or, la Justice venant rétablir Polynice dans son droit.

Aussitôt Étéocle fut devant lui. Ni les Argiens ni les Thébains, muets d'effroi, n'osèrent s'avancer ni rompre l'impressionnant face-à-face des deux hommes.

Le combat s'engagea, terrifiant. Les soldats retenaient leur souffle et on n'entendait que les « han » poussés par l'un ou l'autre frère à chaque coup, le cliquetis des armes s'entrechoquant, le bruit sourd des corps se heurtant.

De longues minutes s'écoulèrent ainsi, pesantes comme l'éternité. Alternativement, les soldats de chaque camp semblaient se tasser sur eux-mêmes, prêts à intervenir pour défendre leur champion menacé. Mais chaque fois ils s'écartaient de nouveau, laissant se dérouler cette lutte sans merci : deux colosses affrontés, deux fauves avides de tuer, écumant de rage, maintenant couverts de sang, tous deux possédés d'Arès.

Et brusquement une double clameur retentit : dans un dernier élan sauvage, ils s'étaient mutuellement transpercés, de part en part. Attachés l'un à l'autre par leur arme qu'ils tenaient encore, enlacés presque, chacun eut pour son frère un regard comme étonné, avant que leurs yeux ne se voilent et qu'ils s'écroulent enfin dans les bras l'un de l'autre. Fous de rage et de douleur, les Thébains s'élancèrent contre les Argiens...

Loin des combats, au fond du palais, les femmes guettaient bruits et mouvements. Elles entendaient bien les cris et les plaintes, mais comment les interpréter ? Qui hurlait sa joie ? Qui sa douleur ? Petit à petit, elles avaient cessé de parler, enfermées dans leurs pensées, partagées entre crainte et espoir.

Le soleil baissait déjà quand Hémon se présenta au gynécée. Levées d'un bond, toutes se figèrent devant le spectacle qu'il offrait. Il était effrayant à voir, avec sa tunique en lambeaux et son corps maculé de plaques noires de sang séché. Mais, pire encore, la fatigue et la tristesse creusaient ses traits et lui faisaient un masque gris de vieillard. La première, Antigone s'approcha, effleura sa joue d'un geste doux de la main et rompit le pesant silence :

– Tu es là, Hémon, tu es en vie. Les dieux soient loués ! Et si tu es là, c'est que Thèbes est sauvée.

– À quel prix ! répondit faiblement Hémon, la voix étranglée par un sanglot.

Ismène alors se précipita vers lui :

– Qui est mort ? Dis-nous qui est mort !

Ces mots furent comme un signal et toutes, jeunes et vieilles, sans plus se contenir, l'assaillirent de questions. Elles nommaient leur fiancé, leur mari, leurs fils, leur père, et submergeaient Hémon de leurs prières. Celui-ci, de plus en plus pâle, suppliait Antigone du regard. D'une voix forte, elle imposa le silence :

– Paix ! Comment voulez-vous qu'il vous réponde ? Laissez-le parler !

Elle le prit par la main et le conduisit à un siège. Il fut aussitôt entouré, mais c'est à elle qu'il s'adressa d'abord :

– Ton frère est mort, Antigone.

Ismène poussa un cri déchirant, tandis qu'il ajoutait, baissant la tête :

– Étéocle, notre roi, est mort.

Les femmes pleuraient, gémissaient, se griffaient les joues. Antigone demanda d'une petite voix :

– Et l'autre ?

– Quel autre ?

– Notre autre frère, Polynice.

– Polynice ? Il est mort, cracha Hémon avec violence. Il a tué Étéocle, Antigone, ce n'est plus ton frère !

Très pâle, retenant ses larmes, Antigone répliqua doucement :

– Mon frère sera toujours mon frère, Hémon. Par qui a-t-il été tué ?

– Par Étéocle : ils se sont entre-tués à la porte de Dircé.

La jeune fille se tut, pétrifiée. Ismène s'approcha, enlaça son corps raidi et se blottit contre elle en pleurant doucement. Antigone s'abandonna enfin dans ses bras et les deux sœurs restèrent longtemps ainsi à se bercer mutuellement. Sans un mot, juste leurs larmes qui coulaient et semblaient ne jamais devoir se tarir.

CHAPITRE 7

FUNÉRAILLES

Du gynécée, on entendait la rumeur persistante de la foule qui convergeait vers la place du palais. Rumeur des pleurs et des prières. Thèbes en deuil : tous ses morts devaient être enterrés en même temps, ainsi en avait décidé Créon. Les cortèges venus des différents quartiers de la cité se réunissaient ici, et Étéocle, pour la dernière fois, avancerait à la tête de ses soldats, jusqu'à la nécropole[1].

1. *« Ville des morts », cimetière placé le plus souvent hors de la cité.*

Les deux sœurs se préparaient pour la cérémonie funèbre. Toutes deux avaient les yeux rouges et gonflés. Ismène, docile, était déjà tout habillée, Eurynomé achevait de la coiffer du long voile noir qui cacherait ses beaux cheveux foisonnants. Antigone, elle, paupières et poings fermés pour faire barrage à sa douleur, donnait plus de mal à Clélia.

– Tourne-toi vers moi, ma princesse, laisse-toi faire. Je ne te demande pas d'arrêter de pleurer, mais juste de lever le menton. Pleure au contraire, pleure, Antigone ma douce, quoi de plus naturel quand on perd un frère comme celui-là ?

– Et quand on perd DEUX frères ?

Exaspérée, Antigone avait presque crié. Ismène eut un élan vers sa sœur.

– Antigone, à quoi bon te mettre dans cet état ? Nous avons perdu deux frères, mais nous n'en enterrons qu'un aujourd'hui. C'est ainsi, et rien ne sert de se révolter contre la décision de Créon.

– Mais comment peut-il s'acharner sur un mort ? Polynice est mort, il est mort !...

Antigone s'effondra en sanglotant, martelant le sol de ses poings. Ismène devança les servantes. À genoux près de sa sœur, elle l'obligea à se redresser.

– Antigone, tu ne veux pas faire de scandale maintenant, n'est-ce pas ? Tu ne peux pas penser à Polynice quand on va enterrer Étéocle. Lui aussi est ton frère après tout. Laisse Clélia t'habiller, il va être temps de rejoindre le cortège.

Ismène releva son aînée avec des gestes maternels. Comme si, en cet instant, Antigone était redevenue une enfant, rageuse et intransigeante, alors que la petite sœur se montrait la plus raisonnable.

Antigone ravala ses larmes et se laissa faire. Mais elle gardait l'air buté.

– Tu as raison, il faut accompagner Étéocle. Après nous pourrons nous occuper de Polynice.

– Après ? Quoi, après ?

Mais Antigone resta silencieuse, elle réfléchissait.

Hélios, le dieu Soleil, dardait ses rayons sur la nécropole de Thèbes. Sous leurs longs voiles de deuil, les jeunes filles se sentaient suffoquer. Elles se tenaient derrière Créon, qui présidait la cérémonie. À sa gauche, légèrement en retrait, Hémon. Loin devant, sur des lits de parade, étaient exposés les corps dans leurs linceuls, celui d'Étéocle juché sur un lit plus haut que les autres. Face à eux, Tirésias l'aveugle, le prêtre d'Apollon, le devin de Thèbes, prononçait les paroles rituelles d'adieu, invoquant l'aide d'Hermès* qui mène les âmes aux Enfers*, et la bienveillance d'Hadès*, qui règne sur les morts.

Puis ce fut au tour de Créon de prononcer un discours. Il fit l'éloge de tous ces Thébains morts pour leur patrie et leurs dieux, pour épargner à leurs mères et à leurs sœurs la honte de l'esclavage. Il parlait d'une voix vibrante qui faisait frissonner l'assistance et couvrait les gémissements des femmes.

– Adieu à toi, Étéocle, qui malgré ton jeune âge as su te montrer un grand roi, en donnant l'exemple de la sagesse et du courage. Tu es mort, mais tu vivras à jamais dans nos cœurs et dans nos esprits. Et tu seras vengé, j'en atteste les dieux ! Nous châtierons Polynice, le traître, pour son crime monstrueux. Je n'ai pas voulu que son corps soit remis aux Argiens, car il n'est pas fils d'Argos, mais de Thèbes. Or il a porté les armes contre Thèbes, il est mort en parricide[1] ! Qu'il erre donc éternellement aux bords de l'Achéron[2] ! Son corps ne recevra pas de sépulture : qu'il serve de pâture aux chiens et aux oiseaux de proie !

Les gémissements se turent, et un lourd silence ponctua cette imprécation. Derrière Créon, la sombre silhouette d'Antigone semblait vaciller. Il poursuivit :

– Entendez bien mes paroles, Thébains ! Celui qui chercherait à enterrer Polynice se désignerait comme complice du traître, et serait condamné à mort ! C'est bien le dernier hommage que nous devons à notre roi Étéocle.

1. *Assassin de son père ou de sa mère.*
2. *Fleuve des Enfers, qui forme la frontière du royaume des morts.*

À cet instant, la silhouette sombre s'affaissa : Antigone venait de perdre connaissance. Alors que les suivantes emmenaient la jeune fille évanouie, les corps furent descendus dans les fosses où l'on déposa aussi les offrandes. Les lamentations s'élevèrent dans toute la nécropole, tandis que les pelletées de terre recouvraient petit à petit les linceuls.

Ismène se hâtait pour retrouver sa sœur. À son arrivée, elle la trouva allongée, reprenant ses esprits. Elle fit sortir les servantes et s'assit près d'elle, caressant son front d'une main douce.

– Ma chérie, mon aimée… Allons, Étéocle est enterré maintenant, essayons d'oublier nos malh…

– Oublier ? !

Antigone s'était redressée d'un bond sur le lit, toujours aussi pâle mais le regard flamboyant.

– Comment pourrais-je oublier que mon frère – notre frère – gît là-bas, abandonné aux bêtes sauvages ? Tu peux l'oublier, toi ?

– Et qu'est-ce que cela change, que je l'oublie ou pas ?

– Tu n'aimais pas Polynice ! s'emporta Antigone.

– C'est faux ! se défendit Ismène. Non, je ne sais plus. Son image s'était peu à peu effacée de mon esprit. Le voir surgir ainsi, en armes, après tout ce temps…

– Moi, je l'ai vu, avant de rentrer à Thèbes. C'était mon frère, autant que l'autre.

– Quand ? Tu m'as encore caché quelque chose !

Antigone, songeuse, ne releva pas la remarque jalouse de sa sœur. Elle finit par dire :

– S'il en est ainsi, je ne peux pas te demander de m'aider.

– T'aider ? À quoi ?

– Je ne laisserai pas Polynice sans sépulture.

– Mais tu n'y peux rien !

– Si. J'irai l'enterrer.

– Toute seule ? Tu es folle !

– Non, je saurai déjouer la surveillance des gardes.

– Mais ils te prendront ! Tu veux mourir ?

Antigone se rallongea sans répondre et tourna le dos. Ismène s'écarta, à peine. Visage crispé, elle resta un certain temps à considérer la nuque de sa sœur, croisant et décroisant les doigts.

– Antigone...

– Oui ?

– ...

– Eh bien, que me veux-tu ?

– J'irai avec toi, dit Ismène d'une toute petite voix.

Antigone se retourna d'un bloc, et considéra sa sœur avec émotion :

– Je ne veux pas te perdre, ajouta Ismène, les larmes aux yeux.

– Tu ne me perds pas. Je t'aime, et tu as en partie raison : c'est sans doute un acte de folie. Mais imaginer Polynice étendu dans la poussière, dévoré par les chiens errants, cela me rend folle de toute façon. Je dois choisir entre deux folies, et puisque ce sont les miennes, je n'ai pas à t'y entraîner.

Ismène pleurait maintenant, à petits sanglots réguliers. Antigone en revanche semblait avoir reconquis son calme, et son visage s'éclairait d'un léger sourire. Elle prit la tête d'Ismène au creux de son épaule et caressa longtemps ses cheveux.

– Si tu veux faire quelque chose pour moi, ajouta-t-elle au creux de son oreille, viens te promener sur les murailles. Je voudrais voir le corps de Polynice…

CHAPITRE 8

LA TRANSGRESSION

Une fine bande claire à l'horizon annonçait le lever du jour. Une silhouette grise se dirigeait furtivement vers la sortie du gynécée. Mais Ismène se dressa sur sa couche :

– Antigone !

Celle-ci, surprise, se retourna et fit énergiquement signe à sa sœur de se taire. Elle tenait à la main une cruche à libations*.

– Tu veux réveiller tout le palais ? fit-elle, agacée.

– Où vas-tu ? interrogea Ismène sans se laisser rebuter.

– Tu sais où je vais, répondit Antigone en montrant l'aiguière[1].

– Alors tu n'as pas changé d'avis ? demanda la jeune fille dépitée. Je n'arrive pas à discuter avec toi : tu as toujours raison. Eurynomé ! Clélia ! appela-t-elle alors.

Devant l'air irrité d'Antigone, qui cherchait à lui imposer le silence, elle baissa la tête, et continua :

– Je les ai déjà prévenues, je savais que tu ne m'écouterais pas. Elles, ce sont des adultes, elles sauront peut-être te convaincre.

En effet, de l'antichambre voisine sortaient Clélia et Eurynomé, la nourrice.

– Antigone ! Tu ne vas pas dehors à cette heure-ci ? fit Clélia inquiète.

– Eh bien, en voilà du monde ! dit la jeune fille avec une petite grimace, sans répondre.

– Tu veux enterrer Polynice, n'est-ce pas ? intervint Eurynomé. Ôte-toi cette idée de l'esprit, ce serait une folie, Créon ne te le pardonnerait pas.

– Ose me dire que j'ai tort, rétorqua Antigone, et que Créon a raison.

Elle se dressait de toute sa taille et défiait la vieille femme.

– Je ne le dirai pas, répondit la nourrice sans se laisser démonter. Un mort est un mort : on lui doit le repos, tout le monde sait cela.

1. *Cruche à eau.*

– Oui, tout le monde, renchérit Clélia. N'empêche…

– Alors, que me voulez-vous ?

– Créon l'a formellement interdit, tu as entendu comme moi.

– Sous peine de mort, martela Eurynomé.

– Je sais. Et Polynice, vous l'avez vu ?

Elle continua d'une voix sourde :

– Nous l'avons vu avec Ismène : il est nu dans la poussière, les chiens tournent autour de lui, les oiseaux se rapprochent.

Elle haussa brusquement le ton, ce fut comme une explosion.

– Je dois l'abandonner comme ça ? Il est mort. Je ne peux pourtant pas le laisser déchiqueter à coups de bec, à coups de crocs ! Et même si Créon n'est pas content, les dieux le seront, eux qui nous recommandent d'honorer les morts.

– Mais les dieux ne te défendront pas contre Créon ! C'est lui le roi à Thèbes, il peut te condamner à mort, et il le fera !

– Tant pis pour moi. Si je ne peux pas obéir en même temps aux dieux et au roi, il faut bien que je choisisse, non ? J'ai choisi.

– Mais tu vas mourir, Antigone ! Tu vas mourir !

Clélia pleurait maintenant, Eurynomé secouait les épaules de la jeune fille :

– Tête de mule ! Tu ne veux donc rien entendre ?

– Arrêtez, toutes les deux ! intervint Ismène d'une voix autoritaire – et le silence se fit. Nous suivrons l'avis d'Antigone puisqu'elle ne veut pas en changer.

Les trois autres se tournèrent vers elle du même mouvement. La jeune fille soutint crânement leurs regards stupéfaits. Antigone la prit dans ses bras avec effusion :

– Ismène, ma petite Ismène, merci : je te retrouve. Tu me comprends, n'est-ce pas ? Il faut que Polynice soit enterré. Mais j'irai sans toi, je ne veux pas que tu viennes, pas toi. Moi toute seule. Une suffit, surtout si l'on doit y perdre la vie.

– Et pourquoi toi et pas moi ?

– Toi tu es trop jeune, ce ne serait pas juste !... Comme si ça pouvait être juste de mourir, ajouta-t-elle à voix basse, pour elle-même.

Secouant la tête pour chasser cette nouvelle idée qui aurait pu la décourager, elle continua :

– Hier, je n'avais pas assez réfléchi : si la mort est au bout, qu'il reste UNE Labdacide !

– Mais je ne veux pas rester toute seule ! s'exclama Ismène, désespérée.

– Tu n'as pas non plus envie de mourir, remarqua doucement Antigone.

– C'est vrai, souffla sa sœur. J'ai peur. Pas toi ?

– Je ne sais pas. Si, sûrement, un peu. Mais il FAUT que je fasse ce que j'ai décidé. Pas seulement à cause des dieux, à cause de… Parce que Polynice est mon frère, comme Œdipe était mon père… Tu saisis ?

Ismène fit « oui » de la tête : sa gorge serrée l'empêchait de parler.

– Toi, tu restes ici, d'accord ? Et souhaite-moi bonne chance : je vais essayer de ne pas me faire prendre, promis !

Ismène l'embrassa, lui souffla « que les dieux te protègent ! » à l'oreille et se réfugia dans le giron d'Eurynomé. Les deux servantes, désolées, embrassèrent aussi Antigone, qui s'élança sans bruit dans l'escalier.

Antigone avait des ailes. Elle puisa d'abord l'eau pure de la Dircé au pied de l'acropole[1]. Puis, grise dans le jour gris, elle réussit à s'approcher de la muraille sans se faire voir. On avait jeté le corps de son frère hors de la cité, non loin de l'endroit où il avait été tué. La sentinelle faisait les cent pas devant la large porte de Dircé. Heureusement, celle-ci était légèrement entrouverte. Assez en tout cas pour que la mince Antigone s'y glisse dès que la sentinelle eut le dos tourné. Son cœur battait violemment. Plaquée contre le mur, à l'extérieur, elle attendit qu'il se calme, effrayée par le vacarme qu'il lui semblait faire. Puis elle reprit sa marche silencieuse. Arrivée à proximité du corps de son

1. « Ville haute », citadelle : forteresse et siège du palais et de nombreux temples.

frère, elle se jeta à terre pour échapper aux regards des soldats. Précaution inutile : les deux hommes, sans doute épuisés par leur nuit de garde, s'étaient assoupis. De toute façon, ils se tenaient à distance respectable du cadavre, sûrement à cause de l'odeur. Antigone rampa jusqu'au mort et, se redressant un peu, glissa dans sa bouche la pièce de monnaie qui lui permettrait de franchir l'Achéron. Des ombres filèrent à ras de terre : des rats, dérangés dans leur repas. Larmes aux yeux, dents serrées, la jeune fille ramassa du sable et le jeta sur le corps, en recommandant son frère aux dieux infernaux dans un murmure inaudible. Elle répéta son geste, une fois, deux fois, trois fois. Un léger bruit la fit tressaillir : un des gardes venait de bouger. Elle s'éloigna vite, le dos courbé.

C'était bien l'un des soldats, qui se frottait maintenant les yeux. Elle l'entendit s'exclamer :

– Théoclès ! Regarde ! Quelqu'un est venu !

– Quoi ? Qu'est-ce que tu racontes ? bredouilla Théoclès, réveillé en sursaut.

Antigone n'en entendit pas davantage, car les deux gardes chuchotaient maintenant. Ils semblaient se disputer. Puis, calmés, ils inspectèrent du regard les alentours, mais avec peu de conviction : malgré la lumière du jour, ils ne trouvèrent pas Antigone, qui s'était recroquevillée dans sa cachette, derrière un buisson. Enfin, les soldats s'éloignèrent, l'un en direction de la cité, sans doute pour prévenir Créon, l'autre en sens opposé, peut-être à la recherche du « coupable ». Antigone patienta, et dès qu'il eut disparu, elle se coula près du corps et reprit son triste labeur, poignée de terre après poignée de terre. Le corps disparaissait maintenant entièrement sous une fine couche de poussière ; elle attrapa la cruche et la leva pour les libations rituelles, quand…

– Je te tiens, scélérat ! Debout !

Théoclès, l'un des soldats, l'avait brutalement attrapée par sa tunique. Les deux hommes n'avaient pas envisagé de se présenter devant Créon sans amener avec eux l'auteur du méfait : ç'aurait été trop risqué ! Ils ne s'étaient donc éloignés que pour mieux piéger celui qui osait défier le roi, et étaient revenus à pas de loup. C'est ainsi qu'ils avaient surpris Antigone en plein travail. Elle obéit à l'injonction et se leva.

– Par Zeus, Damias, c'est une femme !

Les soldats étaient décontenancés. Le nommé Damias dévisageait Antigone avec stupéfaction :

– Je crois que je la reconnais ! On dirait… la fille de l'ancien roi.

– D'Œdipe ? La nièce de Créon ?

– Elle-même. Quelle histoire !

Antigone gardait le silence. Ayant achevé la tâche qu'elle s'était fixée – l'esprit de Polynice pouvait à présent gagner le royaume des morts –, elle ne résistait pas, indifférente à tout.

– Allons, en route, ordonna Théoclès. Ce n'est plus notre affaire, maintenant.

– Mmm, bougonna son compagnon, espérons que cela ne va pas nous retomber sur le dos !

CHAPITRE 9
L'AFFRONTEMENT

Créon venait à peine de se lever quand un garde, à la porte de sa chambre, lui annonça que deux soldats, Théoclès et Damias, demandaient à le voir de toute urgence au sujet de Polynice. Créon avait beau être intrigué, il finit d'abord de se préparer avec soin, comme d'habitude. Pour en imposer aux Thébains, il veillait à toujours leur présenter une même et immuable apparence, et à dissimuler ce qui l'agitait. Aidé seulement de son esclave préféré, il enfila une longue tunique de laine fine, se fit peigner la barbe et fixer le bandeau qui maintenait en arrière ses cheveux gris. Ainsi paré, il se rendit posément à la salle du Conseil. En découvrant Antigone encadrée par les deux robustes soldats, il marqua un brusque arrêt.

– Que se passe-t-il ici ? demanda-t-il en fronçant les sourcils

– Salut à toi, noble Créon… Euh… nous… nous t'amenons… euh… la coupable, fit Damias, qui n'en menait pas large.

– Coupable de quoi ?

– Euh… Elle a réussi à… euh… jeter de la terre, enfin, à… à enterrer…

– Enterrer ? Polynice ? !

À chaque question, les hommes acquiescèrent, baissant davantage la tête, tremblant devant le roi. Celui-ci éclata :

– Bande d'incapables ! Sortez tous les deux ! Nous nous occuperons de vous plus tard ! À toi, dit-il à Antigone. Que s'est-il passé ? Tu as vraiment cherché à enterrer Polynice ?

– J'ai cherché à le faire, et je l'ai fait.

Antigone avait relevé la tête, elle regardait son oncle droit dans les yeux et parlait calmement, d'une voix égale.

– Et tu me dis cela avec cette assurance ? Tu sais que je l'avais interdit !

Créon ne cachait pas son incompréhension.

– Oui, je sais.

– Et tu as quand même…

– Polynice est mon frère.

– Ma nièce, ma propre nièce !

Créon, qui s'était d'abord laissé aller à sa stupéfaction, se reprit et se redressa avec violence.

– Tu profites de ta situation pour me défier ! Tu croyais que je ne mettrais pas ma menace à exécution, que tu échapperais à la mort, parce que tu es la fille d'Œdipe et de ma sœur Jocaste !

– Pas du tout, mon oncle. Je pense que tu n'avais pas à t'acharner contre Polynice. Une fois mort, il avait droit à l'apaisement. Je le lui ai donné.

– C'est moi le roi ! C'est moi qui décide du droit !

– Tu décides pour la cité. Pas pour les morts.

Créon avait de plus en plus de mal à maîtriser sa colère. À ce moment, la tête d'un vieillard se montra timidement à la porte : les premiers membres du Conseil arrivaient.

– Entrez, citoyens de Thèbes ! Voyez qui ose me faire affront ! Ma propre nièce, que j'ai recueillie à la mort de ses parents ! Elle a grandi sous mon toit, je la destinais à mon fils !

Devant l'emportement théâtral de Créon, les Sages du Conseil se faisaient tout petits, ne sachant trop quelle attitude le roi attendait d'eux. Si beaucoup approuvaient l'édit par lequel il privait Polynice de sépulture, quelques-uns, qui trouvaient cette sanction excessive, n'avaient guère eu l'occasion de faire connaître leur avis. Mais comment le faire maintenant, alors que Créon était de si mauvaise humeur ?

– C'est une femme, fit cependant remarquer l'un d'eux, quand tous eurent enfin pris place autour du roi. Tu ne songes pas à la faire mourir, Créon ?

– Et pourquoi pas ? rétorqua un autre. Un tel crime est encore plus grave pour une femme ! Sortir ainsi la nuit du gynécée, et pour désobéir à un ordre royal, l'attentat est double !

– Et voyez son insolence ! ajouta Créon. Elle ne montre pas le moindre regret de son acte !

La plupart des vieillards hochaient la tête à ces accusations en signe d'approbation. D'autres, peut-être d'anciens fidèles d'Œdipe, retrouvaient dans cette jeune fille, avec un certain attendrissement, les traits de son père et son fier maintien. Ils l'encouragèrent :

– Qu'as-tu à dire pour ta défense, Antigone ?

– Ce que j'ai déjà dit à Créon : Polynice, une fois mort, n'appartient plus à la cité, mais à Hadès.

Les rangs des vieillards s'agitèrent : après tout, n'était-elle pas la sœur de Polynice ?

– En l'enterrant, plaidaient certains, elle obéit à nos lois ancestrales, qui ordonnent à chaque famille d'honorer ses morts.

– Parfaitement, renchérissaient les autres. On peut tout à fait admettre son geste.

Mais Créon s'emporta :

– Les lois de la famille étaient bonnes pour nos ancêtres justement, elles n'ont plus cours aujourd'hui ! Les seules lois, ce sont celles que j'édicte !

– Il y a des lois qui peuvent changer, ce sont les tiennes, celles des hommes, répliqua Antigone. Mais il y a d'autres lois, non écrites, connues par tous et de tout temps. Des lois d'amour qui nous viennent des dieux.

– Cette fille est folle, s'écria le roi en levant les yeux au ciel. Voilà qu'elle veut nous expliquer ce que veulent les dieux ! Nous avons des prêtres et des devins pour cela. Allons, il faut trancher, nous ne pouvons écouter tes discours plus longtemps. Peut-être aurais-je été plus indulgent si tu avais montré un peu de remords et de chagrin devant ton crime. Mais puisque tu ne sais que pérorer et te glorifier de ce que tu as fait, tu mourras comme la loi l'a prévu.

Antigone, brusquement très pâle, poussa une brève exclamation, tandis que les Sages échangeaient des propos plus souvent indignés que satisfaits. Mais Créon ignora le brouhaha, et poursuivit :

– Et Thèbes a trop souffert de tous les crimes des Labdacides : pour que ton sang ne retombe pas sur la cité, tu seras emmurée vivante.

– Emmurée... reprit en écho la jeune fille d'une voix blanche.

– Qu'on l'emmène maintenant, conclut-il.

– Maintenant ! s'exclama sourdement Antigone, brisée. Qu'on prévienne au moins ma sœur et ceux qui m'aiment, implora-t-elle, que je puisse leur dire adieu !

Mais déjà les gardes l'encadraient et l'entraînaient. Elle baissa la tête et sortit.

CHAPITRE 10
CONDAMNÉE

Au pied de la muraille, attenante à la salle des gardes, une pièce petite et sombre servait de cachot. Antigone était enfermée là, en attendant qu'on la mène à sa dernière demeure. Elle était assise à terre, ramassée sur elle-même, les bras autour des genoux. Soudain, elle fut prise d'un long frisson et blottit convulsivement ses jambes contre sa poitrine : elle avait froid. « En plein été ! » songea-t-elle. « Dire que le soleil vient de se lever, et va briller aujourd'hui de tous ses feux ! »

Levant la tête, elle chercha à en distinguer les rayons par la petite ouverture au-dessus de la porte. En vain.

« Plus de soleil, jamais ! » Les larmes lui montèrent aux yeux. « Plus de soleil, plus de chaleur, plus de vie ! » Cette fois, elle éclata franchement en sanglots.

« Qu'as-tu fait, Antigone ? Tout est fini, alors que la vie commençait à peine ! J'étais fiancée, Hémon m'attendait... Je voulais ses bras autour de moi, la chaleur de son corps, ses baisers sur ma peau, la douceur de ses caresses ! » Elle s'enlaçait elle-même, prise de désespoir. « Jamais je ne les connaîtrai, jamais ! »

Au-dehors, la rue commençait à se peupler, ses bruits lui parvenaient, étouffés. Les hommes se saluaient, interpellaient les femmes qui disparaissaient vite à l'intérieur des maisons. Des rires d'enfants la firent tressaillir : « Des enfants ! Je n'aurai pas d'enfants non plus ! Des enfants à bercer, à nourrir, des enfants à consoler, blottis contre mon sein... » Les sanglots s'étaient calmés, mais les larmes coulaient toujours. Antigone sans y penser se berçait, comme pour se consoler elle-même. Mais rien n'y pouvait, elle était tout entière plongée dans une tristesse profonde et noire.

« J'ai tout perdu, tout ! Hémon, Ismène, où êtes-vous ? Je ne vous verrai plus ! » Brusquement prise de panique, elle se redressa et se jeta contre la porte :

– Au secours ! Ismène, Hémon, au secours ! Venez me sortir de là !

Elle hurlait, tapait de ses poings contre la porte. Celle-ci s'ouvrit soudain, livrant passage à la clarté du jour, et à la tête d'un garde. Il était jeune lui aussi, et visiblement ému.

– Princesse, allons, ne t'agite pas ainsi, ça ne sert à rien.

Ce grand désespoir l'effrayait, il ne savait comment le calmer. Antigone s'était tue, déçue par cette apparition, qui n'était pas celle qu'elle attendait. Elle recula, vint heurter du dos la paroi du cachot et se laissa glisser à terre. Le garde considéra un moment la jeune fille dont les yeux s'étaient éteints, puis il disparut en refermant la porte. L'obscurité se fit à nouveau.

Antigone avait les yeux clos. Elle ne dormait pas pour autant, et les mêmes pensées voletaient follement dans sa tête, comme des oiseaux prisonniers qui se heurtent aux parois de leur cage.

Tout à coup, des voix familières résonnèrent dans la salle des gardes. D'un bond, Antigone fut debout, bien éveillée. La porte s'ouvrit et Ismène entra avec la lumière, suivie par les fidèles Clélia et Eurynomé. Les deux sœurs se jetèrent dans les bras l'une de l'autre.

– Ismène !

– Antigone, mon Antigone !

Les suivantes se joignirent à elles, en larmes elles aussi.

– Antigone, tu as pleuré ! se désola Ismène en s'écartant légèrement de sa sœur.

– Oui, mais ça va tellement mieux maintenant que tu es là.

– Dès qu'il l'a pu, un des gardes royaux m'a fait prévenir, expliqua Ismène. Nous allons essayer de te faire sortir de là. J'ai fait chercher Hémon, il saura adoucir son père.

– Tu n'as pas encore vu Hémon ? s'inquiéta Antigone. Il n'est pas au courant ?

– Rassure-toi, voyons. J'ai envoyé des messagers dans tous les endroits où il peut se trouver, en lui demandant d'intervenir tout de suite auprès du roi.

– Je voudrais tant le voir avant de mourir !

– Tu le verras, et tu ne mourras pas, c'est hors de question.

– Hors de question ! reprit Antigone avec un petit sourire triste. On voit bien que tu n'as pas entendu Créon ! Je dois être emmurée, tu entends, emmurée vivante ! Ah, cette mort lente !...

Les deux jeunes filles frissonnèrent pareillement, glacées par l'image qui surgit à ces mots.

– Tu comprends, murmura Ismène, tu comprends pourquoi il ne fallait pas ?

– Il le fallait quand même. Maintenant encore, je ne regrette rien. Rien de ce que j'ai fait. Mais c'est vrai, je regrette tout ce que j'aurais pu faire, et que je ne ferai plus, ajouta Antigone avec un rire étranglé.

Un bruit à la porte les fit se retourner. Entre les deux

gardes postés là apparut un officier.

– Les maçons viennent d'arriver, princesse, dit-il. Nous…

– Des maçons ? s'affola Antigone. Pour quoi faire ?

– Pour le mur, précisa-t-il froidement. Nous allons partir.

– Partir, déjà ? se récria Ismène. Deux minutes encore, officier. S'il te plaît, implora-t-elle.

– Soit, deux minutes, accepta l'officier qui s'éloigna.

– Ismène, promets-moi…

Antigone serrait convulsivement les épaules de sa sœur.

– … promets-moi que tu vas vivre, vivre pour toi, pour moi. Pour nos frères qui n'en ont pas eu le temps non plus. Tu vivras, tu auras un mari, des enfants. Tu me le promets ?

Tout entière à l'urgence de ces dernières paroles, la condamnée parlait d'une voix vibrante, mais elle ne réchauffait pas Ismène, qui se débattait devant l'inacceptable.

– Tu ne mourras pas, je ne veux pas qu'on t'emmure ! Je vais voir Créon, je me jetterai à ses pieds, Hémon aussi. Il ne pourra pas nous refuser…

– Essaie, dit Antigone pour la calmer, j'espère que tu réussiras. Je ne mourrai pas de cette mort-là, c'est sûr. Mais je ne pleurerai plus, et je ne veux pas que tu pleures, d'accord ?

– Oui, non, je ne pleurerai pas, dit Ismène, éperdue, les joues inondées de larmes.

– Et tu vivras !

L'officier qui entrait empêcha Ismène de répondre. De ses yeux noyés elle fit signe que oui.

Antigone, la tête haute, vint se placer entre les deux gardes et sortit.

Elle marchait maintenant son dernier chemin, celui qui devait l'emmener hors de la ville : pas question d'infliger à la cité la souillure d'une mise à mort ! Autour d'elle, un bataillon en armes. Derrière, les maçons portant leurs outils : c'est eux qui allaient l'emmurer. Sur les côtés, les Thébains se massaient pour la regarder passer. Des cris la touchèrent de plein fouet :

– À mort Antigone ! À mort la fille d'Œdipe !

– Regardez-moi cette fille qui ne sait pas se conduire ! Une fille de roi, ça ? Non, une vagabonde !

– C'est une traîtresse, elle voulait livrer Thèbes aux Argiens !

– Heureusement que Créon veille ! Pour un peu, les femmes se mêleraient de politique !

Antigone se força à ne pas entendre ces injures. Mais elles la blessaient profondément : l'amour l'avait toujours guidée, comment imaginer une telle haine en retour ? « Hémon ! Où es-tu, Hémon ? Tu m'aurais protégée, tu les aurais fait taire… »

Heureusement, plus nombreux étaient ceux qui lui témoignaient leur compassion, leur admiration même :

– La pauvre petite ! Qu'elle est jeune !

– C'était son frère, elle a eu raison !

– Créon se conduit comme un tyran ! C'est une honte !

– Quel courage ! Bravo, Antigone !

Ces manifestations de sympathie l'aidaient à refouler ses larmes et à marcher droite. Elle réussissait à sourire à ceux qui la soutenaient, elle regardait de tous ses yeux à l'entour : les hommes, les quelques femmes qui osaient se montrer pour lui envoyer un dernier signe ; les enfants qui interrompaient un moment leurs jeux pour considérer, curieux, cette inconnue ; et même les chiens qui erraient là, indifférents à tout, les ânes qui se désaltéraient à l'abreuvoir, les chats qui se chauffaient au soleil. Toute la vie était ici, dans le flamboiement des fleurs d'été, dans l'ivresse de leur parfum, aussi entêtant que les odeurs d'épices et de fruits qui envahissaient la rue à cette heure de la matinée.

Antigone ne voulait rien laisser échapper, tous ses sens à l'affût, une dernière fois, une toute dernière fois.

CHAPITRE 11

CRÉON, ROI OU TYRAN ?

Depuis qu'Antigone avait quitté la salle du Conseil entre deux gardes en armes, Créon avait dû faire face aux vieillards de Thèbes. En effet, la condamnation brutale de la « coupable » avait provoqué des remous. Plusieurs conseillers avaient été impressionnés par la jeune fille, son assurance, sa modestie aussi. Créon pouvait bien évoquer son arrogance, aucun des assistants ne trouvait ce reproche vraiment fondé. Si bien que nombre d'entre eux, d'habitude si respectueux de la parole royale, s'étaient décidés à intervenir, mettant en avant la sincérité, la piété d'Antigone.

– Ne peux-tu te montrer moins intransigeant ? dit l'un d'eux. Si finalement elle a bien agi…

– Comment, « bien agi » ? répéta Créon, qui s'étranglait de rage. Comment cela ? C'est une criminelle !

Beaucoup se récrièrent à ce nom. Son action n'avait rien d'un crime, et elle n'avait pas l'allure d'une criminelle. Et même si elle l'était ? Il était encore possible d'être indulgent, de la gracier. Mais le roi ne se laissait pas attendrir. Au contraire : il était roi et entendait le rester.

– L'indulgence est un signe de faiblesse, déclara-t-il abruptement. Ce qui a été décidé doit être fait.

– Créon, suggéra alors un autre conseiller, puisque nous parlons de piété, il serait peut-être bon de consulter Tirésias, notre devin.

– La conduite de la cité n'est pas le domaine de Tirésias, que je sache, répondit Créon avec hauteur. Mais soit, si cela peut vous rassurer, qu'il vienne : je suis convaincu qu'il ne me contredira pas.

Un messager royal fut immédiatement envoyé au temple d'Apollon.

En sortant de la prison, alors qu'on emmenait Antigone vers sa dernière demeure, Ismène avait regagné le palais en toute hâte. Elle espérait y trouver Hémon, mais retenu sans doute par sa fonction de lieutenant, celui-ci n'était toujours pas là. Alors, au mépris de toute pudeur, de tout respect des convenances, elle fit irruption dans la grand-salle.

Décidément, ce jour était celui de tous les désordres. Qui aurait pu imaginer Ismène, la jeune et fragile princesse, si modeste d'ordinaire, fendant la foule des hommes, se précipitant aux pieds de Créon, mettant le Conseil en ébullition ?

– Créon, mon oncle ! Pitié, aie pitié !

Créon était plus qu'embarrassé : peut-être, si cette demande lui avait été faite en privé, peut-être aurait-il pu se laisser fléchir. Mais ici, en public, alors qu'il était en train de défendre sa décision devant une opposition ouverte, c'était impossible ! Et il sentait la colère monter en lui contre cette écervelée qui le mettait en pareille situation.

– Que fais-tu ici, Ismène ? Crois-tu que ce soit ta place ? Et de quoi viens-tu te mêler ? Cette histoire ne concerne pas les femmes, et moins encore les jeunes filles ! Sors d'ici, et rentre au gynécée !

– Écoute-la, intervint une voix sonore, il s'agit de sa sœur, et de ta propre nièce !

Un nouveau plaideur venait d'arriver, qui fit converger vers lui tous les regards : Hémon, Hémon était enfin là !

– Écoute-la, Créon, mon père ! Elle parle de ta nièce, de ma fiancée : tu sais que ce n'est pas une criminelle, tu ne peux pas la condamner à mort !

Mais ce double assaut ne fit que renforcer Créon sur ses positions. Le moyen, pour lui, de céder sans perdre la face ?

– Tu penses, parce que tu es mon fils, que tu peux me faire changer d'avis ? Mais ce serait infâme, cela signifierait que je fais passer mes petites affaires de famille avant l'intérêt de l'État ! Si j'ai condamné Antigone, c'est parce que j'estimais cette sanction juste. Tu n'as rien dit qui puisse me faire changer d'avis.

– Mon père, il ne s'agit pas seulement de « petites affaires de famille » ! Tu connais Antigone, son dévouement, son courage. Si elle a enterré Polynice, c'est pour lui qu'elle a agi, pas contre toi. Bien sûr, elle a outrepassé ton interdiction. Mais peut-être celle-ci était-elle trop sévère ?

– Mon fils se fait l'avocat d'une criminelle ! Avoue plutôt que tu aimes cette fille, que tu veux lui éviter la mort, pour pouvoir la coucher dans ton lit ! Reprends-toi, Hémon, tu es un homme, tu trouveras une autre jeune fille digne de toi, digne d'être épousée !

Un lourd silence suivit ces paroles. Beaucoup d'assistants étaient choqués, et tous guettaient la réaction d'Hémon. Celle-ci fut longue à venir :

– Mon père ! (le jeune prince semblait aussi abattu que stupéfait) Est-ce bien toi qui parles ainsi ? C'est ton sang que tu insultes. J'aime Antigone, c'est vrai, mais je pense aussi que son acte nous ouvre les yeux : nous n'avions pas, tu n'avais pas à profaner un cadavre. Ton pouvoir ne va pas jusque-là.

– Mon fils me donne des leçons, maintenant ! Un petit jeune homme va bientôt me dicter ma conduite !

– Non, je ne dicte rien ! s'exclama Hémon entre rage et désespoir. Je ne suis pas seul à penser ainsi : ceux-là aussi pensent comme moi, dit-il en désignant d'un geste large les membres du Conseil, les gardes du palais pensent comme moi, les Thébains dans la rue pensent comme moi ! Tu te conduis en tyran, et non plus en roi soucieux du bien de la cité ! C'est toi le criminel ! Mais je t'empêcherai de commettre ce crime !

Hors de lui, Hémon partit aussi soudainement qu'il était venu, et après une brève hésitation, Ismène prit le même chemin.

CHAPITRE 12
DOUTES TARDIFS

Un long silence embarrassé suivit cette sortie fracassante. Créon faisait effort sur lui-même pour reprendre son sang-froid et lisser ses traits, sans prêter attention aux vieillards autour de lui. Ceux-ci, le regard fuyant, montraient des mines affligées ou indignées. Aussi l'entrée de Tirésias fut-elle accueillie par tous avec un réel soulagement. Pourtant, ce n'était pas l'impression que produisait habituellement le devin aveugle. Grand, maigre, pâle, les yeux tout blancs et levés au ciel, Tirésias mettait généralement ceux à qui il s'adressait très mal à l'aise. Il était comme toujours précédé d'un jeune esclave qui guidait ses pas.

– Bienvenue à toi, Tirésias, fils d'Évérès, déclara Créon, content de cette diversion.

– Salut à toi, Créon, fils de Ménœcée, répondit le devin. Je suis heureux que tu me consultes, mais je...

– Tu penses comme moi que c'est superflu, bien sûr, mais tu sais que je prends ton avis chaque fois que les événements semblent l'exiger, et aujourd'hui j'ai voulu rassurer mes dignes conseillers.

– Ce n'est pas cela que je voulais dire, Créon : une nouvelle crise secoue Thèbes, et je...

– Quelle crise ? l'interrompit Créon en fronçant le sourcil. Une rébellion tout au plus, que je saurai châtier comme elle le mérite.

– Prends garde, Créon, prends garde ! dit Tirésias en enflant la voix pour se faire entendre. Tu es aveugle et sourd à tous les avertissements. Tu es roi de Thèbes et des Thébains, mais ce pouvoir a des limites, que tu es en train d'outrepasser : tu vas au-devant d'un très grand malheur ! Les dieux n'aiment pas que les hommes se croient trop puissants : gare à celui qui les défie ! Tu aurais dû écouter ceux qui te recommandaient la mesure et, pourquoi pas, l'indulgence.

Au fur et à mesure de ce discours, Créon pâlissait. Un long coup d'œil circulaire lui révéla mieux que toute parole ce que pensaient ses conseillers. Les uns baissaient les yeux avec gêne, d'autres le considéraient avec pitié, d'autres encore le regardaient par en dessous, avec curiosité, presque avec avidité, comme s'ils attendaient la nouvelle catastrophe qui allait s'abattre sur la famille régnante.

D'une voix étranglée, il s'adressa à Tirésias :

– Pourquoi ne m'as-tu pas prévenu plus tôt, devin ? Je t'aurais écouté, toi. Que dois-je faire, maintenant ?

– Tu te mens à toi-même, Créon. Tu ne voulais entendre personne, tu t'es laissé griser par la royauté qui t'était échue. Tu ne m'écoutais pas tout à l'heure, au début de notre entretien, tu ne m'as même pas laissé finir mes phrases ! J'espère pour toi qu'il n'est pas trop tard : va, va délivrer celle que tu as condamnée à une mort injuste et enterrer convenablement son frère. Puissent les dieux tenir compte de tes regrets !

En quelques minutes, Créon avait vieilli. L'inquiétude creusait ses traits, son agitation intérieure transparaissait dans le désordre de sa chevelure et de ses vêtements – désordre qu'il ne songeait plus à réparer. Il se leva et sortit de la salle du Conseil. Très vite, un char fut attelé et l'emporta, accompagné de sa garde personnelle. La plupart des vieillards lui emboîtèrent le pas, chacun selon son allure. La petite cohorte royale, ordonnée et digne malgré sa hâte, était donc suivie d'un étrange cortège de chars, de cavaliers et d'hommes d'armes qui s'étirait à travers la rue principale de la cité. Des badauds, curieux ou alarmés, s'agrégèrent à leur tour à cette procession désordonnée – tous ceux, du moins, qui n'avaient pas déjà suivi la première troupe, celle qui menait Antigone au supplice.

Au-delà des murs, à l'ouest, la route de Lébadée est dominée par quelques hauts rochers à pic. Les voyageurs n'aiment guère les longer à la nuit tombée, car ils forment une masse menaçante. Ces roches se creusent en quelques endroits de noires cavernes, abri tout trouvé, pensent les Béotiens les plus craintifs, pour des bandits ou des monstres. C'est cette route que venait d'emprunter Créon, c'est dans l'une de ces cavernes qu'Antigone était sans doute déjà emmurée.

Le soleil pesait sur la longue file d'hommes et de chars, qui restait à distance respectueuse du roi. Les langues allaient bon train. Les Thébains, qui avaient vu passer d'abord l'escorte d'Antigone, puis Hémon à cheval, Ismène dans un char et maintenant Créon et tout le Conseil, se posaient bien des questions, échafaudaient toutes sortes d'hypothèses. Certains, sans même savoir si les deux hommes étaient alliés ou ennemis, prenaient parti pour Créon ou pour Hémon, d'autres pour Antigone. La plupart pourtant étaient simplement curieux « Après tout, cette histoire de grands ne nous concerne pas ! » ou bien inquiets « Qu'est-ce qui va encore nous tomber dessus ? Les rois mécontentent les dieux, et ce sont les petits qui en souffrent ! ».

Devant, Créon était assiégé par des pensées contradictoires. *J'espère pour toi qu'il n'est pas trop tard.* Avait-il vraiment fait une erreur, une faute ? Quand cela ? Il avait assumé des responsabilités qu'il n'avait pas cherchées. Jamais il n'avait souhaité gouverner auparavant : il avait remis le pouvoir à Œdipe quand celui-ci avait débarrassé Thèbes de la Sphinx, il l'avait remis à Étéocle quand celui-ci en avait eu l'âge. *J'espère pour toi qu'il n'est pas trop tard.* Peut-être s'était-il vraiment laissé griser par la royauté… en oubliant qu'elle ne s'exerçait que sur les vivants. *J'espère pour toi qu'il n'est pas trop tard.* Soit, mais rien n'était perdu : il allait arriver bientôt à la grotte, Antigone n'était pas encore morte, le mur n'était peut-être même pas totalement monté. *J'espère pour toi qu'il n'est pas trop tard.* Mais une petite voix méchante lui murmurait tout bas que jusqu'à présent, Tirésias ne s'était jamais trompé…

CHAPITRE 13

LES DIEUX VEILLENT

Les murailles étaient loin maintenant, on approchait des grottes de sinistre réputation. Créon tendait l'oreille. Quel bruit percevait-il donc ? Choc du métal contre la pierre : les maçons sûrement, les maçons qui achevaient leur ouvrage. Des cris aussi. Qui criait ? Les gardes ? Mais pourquoi ? Pas seulement des cris, des lamentations. De plus en plus audibles. Déchiré, Créon reconnut la voix de son fils. Mais… Antigone, qu'était-il arrivé à Antigone ? Son nom retentissait au milieu des plaintes. Elle n'était pas morte, le mur n'était même pas achevé ! Le roi fit stopper le char qui avançait trop lentement sur la petite route poussiéreuse, et descendit pour mieux courir vers la caverne. Ses vieilles jambes lui obéissaient mal, et il trébucha plusieurs fois avant d'arriver. Il avait perdu toute fierté, il n'était plus qu'un pauvre homme qui courait vers son malheur. Devant le lieu du supplice, maçons et gardes se tenaient effarés, désemparés, armes et outils à leurs pieds. Le mur tout neuf était démoli, de grosses pierres ocre avaient roulé au sol. « Antigone, où est Antigone ? Que s'est-il passé ? » Un groupe de femmes, blotti à terre, se tenait embrassé : Ismène était là, sanglotant doucement. Où puisait-elle ses larmes, elle qui en avait déjà tant versé ? « Antigone, où est Antigone ? Que s'est-il passé ? » On ne distinguait rien à l'intérieur, à moins d'être tout près. Essayant de couvrir les cris déchirants qui retentissaient dans la grotte, Créon se mit à crier, à son tour :

– Hémon ! Hémon, mon fils !

En réponse, on entendit une espèce de rugissement, et Hémon apparut à l'entrée de la caverne.

– Tu l'as tuée ! Monstre, c'est toi qui l'as tuée !

– Non ! (Créon était atterré) Elle n'est pas morte ! Elle ne PEUT pas être morte !

Hémon brandit son épée, s'attaqua aux dernières pierres du mur et les fit voler en éclats. On put alors distinguer, au fond de la grotte, le corps d'Antigone qui oscillait, la tête retombant sur la poitrine comme celle d'un pantin brisé. « Pendue ! Elle s'est pendue ! »

Le jeune homme, les yeux fous, le visage barbouillé de larmes, menaçait maintenant son père de son arme. Mais il aurait fallu s'éloigner d'Antigone, et Hémon ne put s'y résoudre. Il fit volte-face, enlaça la taille de sa fiancée, hurlant son nom une dernière fois, et retourna son épée contre lui.

Créon vit avec horreur son fils, accroché au cadavre tournoyant, s'affaisser doucement et tomber à ses pieds. Un terrible silence succéda aux hurlements, rompu seulement par les sanglots réguliers d'Ismène. Créon s'affaissa à son tour, et s'agenouilla à côté de sa nièce. Il tendit la main vers elle. Mais la jeune fille frémit et s'écarta.

– Je ne suis plus personne pour toi, Créon, ne me touche pas. Je ne te maudis pas, tu es assez puni. Je suivrai l'exemple d'Antigone, qui ne savait pas haïr. Mais ne me demande pas de t'aimer. Demeure seul à tout jamais, Créon, seul avec ton pouvoir et ta douleur.

Soutenue par Clélia et Eurynomé, Ismène se leva et fit dénouer le lacet qui étranglait sa sœur. Elle rabattit sur le visage bleui d'Antigone un pan de sa robe, de cette robe maculée de l'enterrement du matin. Puis les gardes soulevèrent et emportèrent son corps et celui d'Hémon ; derrière, les femmes se mirent en marche. Le cortège funèbre s'ouvrit un passage à travers la foule muette des Thébains. Cette foule à son tour se mit en route vers Thèbes, suivant avec recueillement les dernières Labdacides, la morte et la vivante, les deux sœurs.

Près de la grotte maudite gisait toujours Créon, le tyran en un jour anéanti.

Les dieux n'aiment pas que les hommes se croient trop puissants : gare à celui qui les défie !

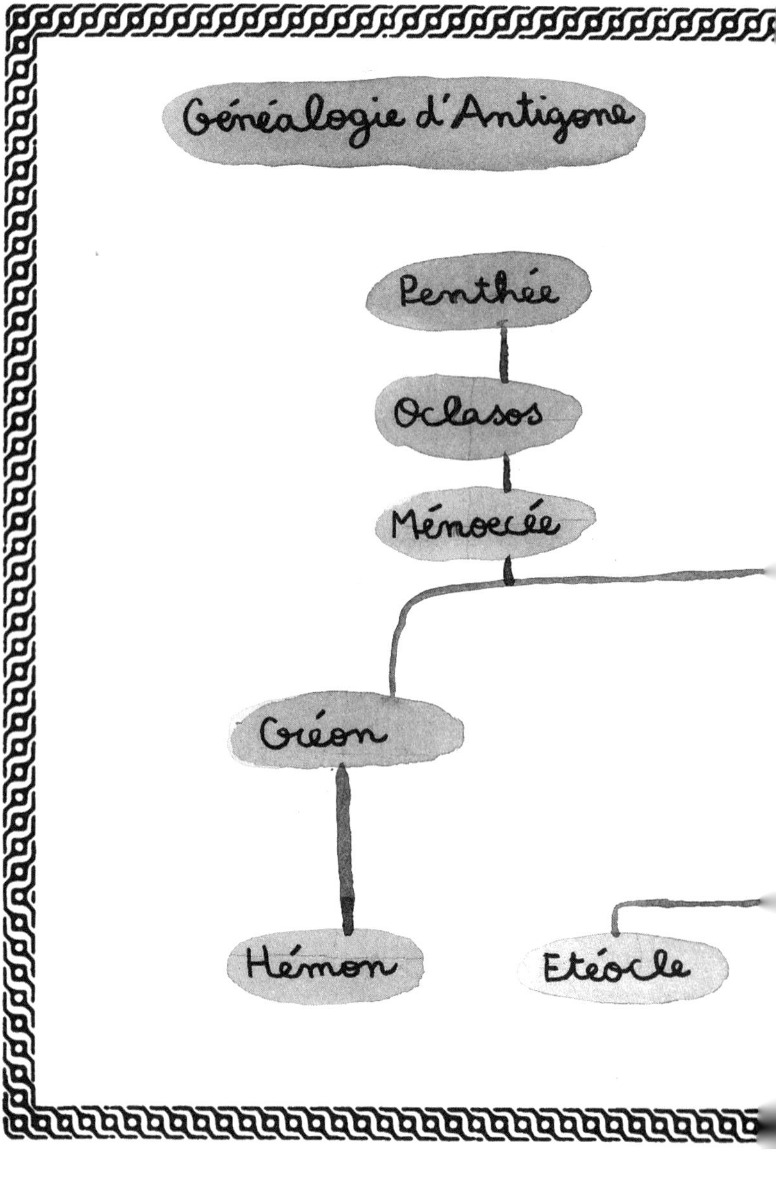
Généalogie d'Antigone
Penthée
Oclasos
Ménoecée
Créon
Hémon
Etéocle

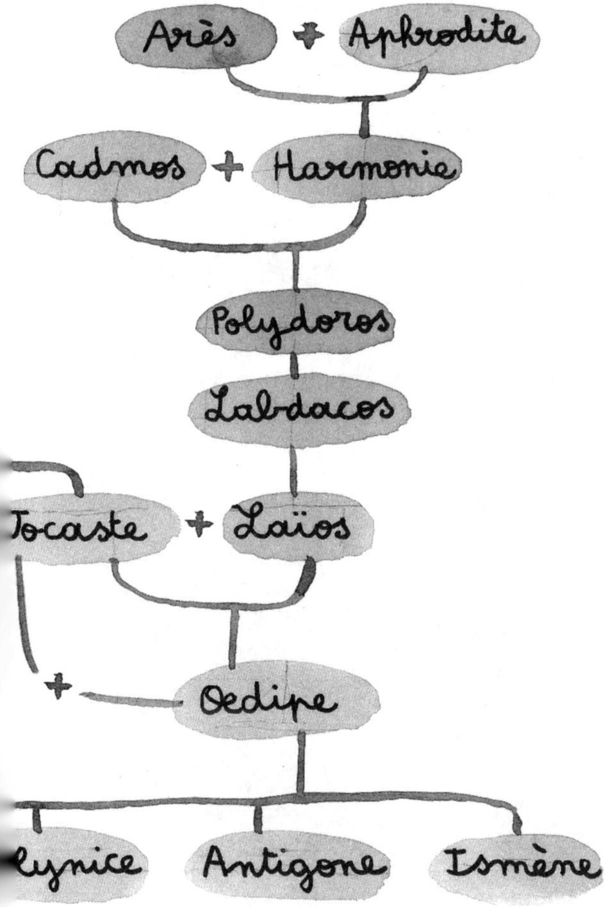
Arès
Aphrodite
Cadmos
Harmonie
Polydoros
Labdacos
Jocaste
Laïos
Oedipe
lynice
Antigone
Ismène

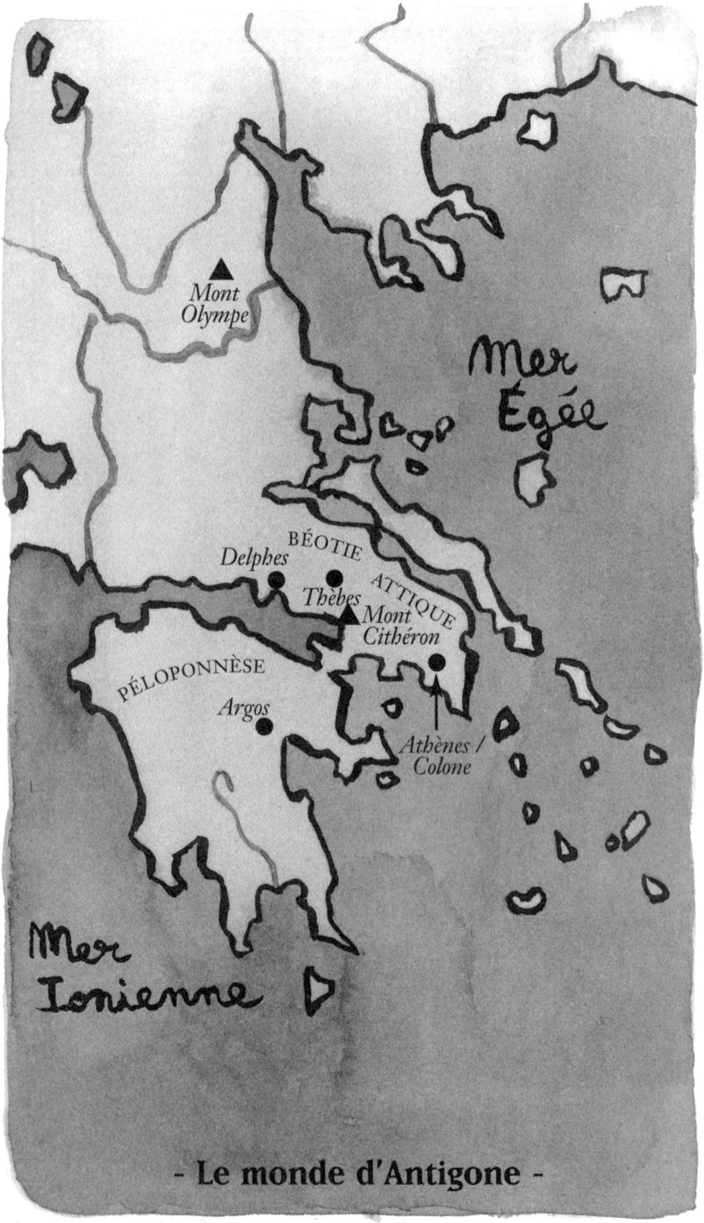

- Le monde d'Antigone -

POUR MIEUX CONNAÎTRE ANTIGONE

L'ORIGINE D'ANTIGONE

Comme la plupart des personnages mythologiques, Antigone ne s'inspire pas d'un personnage ayant réellement existé : son **origine** est **légendaire**.

Elle appartient au cycle des légendes thébaines (celui d'Œdipe), élaboré et transmis oralement, avant d'avoir été fixé par la littérature et le théâtre grecs anciens, plus précisément par la **tragédie***.

Antigone dans la tragédie grecque

L'un ou l'autre épisode de l'histoire des enfants d'Œdipe a été traité par les trois grands auteurs tragiques de l'âge d'or athénien (Ve s. av. J.-C.) : Eschyle, Sophocle et Euripide.

Même s'il n'est pas le premier dans l'ordre chronologique, il faut citer en priorité Sophocle (497-405) qui avec son *Antigone* (441) a imposé le personnage que nous connaissons aujourd'hui, celui qui a, en grande partie, inspiré le roman que vous venez de lire. Cette pièce commence après la mort des deux frères. Antigone, bravant l'interdiction de Créon, enterre Polynice. Sa mort entraîne celle d'Hémon, qui entraîne à son tour celle d'Eurydice, mère du jeune homme (qu'il ne faut pas confondre avec l'épouse d'Orphée). Notons que, selon d'autres traditions, Hémon avait perdu sa mère alors qu'il était enfant.

Œdipe à Colone, pièce posthume (jouée en 401, après la mort de Sophocle), renforce l'image d'une Antigone pieuse et courageuse, accompagnant Œdipe jusqu'à sa mort. Elle n'est rejointe par Ismène qu'ensuite, et assiste impuissante à la malédiction que le père lance sur ses deux fils.

D'Eschyle (525-456), nous possédons les *Sept contre Thèbes* (467), qui raconte la guerre entre les deux frères, mais uniquement du point de vue d'Étéocle et des Thébains : tous les torts sont du côté de Polynice. À la fin de la pièce, Antigone annonce son intention de l'enterrer malgré cela.

Euripide enfin (484-406) a écrit une *Antigone* qui ne nous est pas parvenue. En revanche, nous connaissons ses *Phéniciennes* (v. 410), qui présentent une étrange version de la légende. En effet, l'action de la pièce se déroule pendant la guerre fratricide, mais Jocaste et Œdipe sont encore en vie. Jocaste se tue sur le corps de ses deux fils morts, tandis qu'Antigone part accompagner Œdipe en exil. Le « bon droit » se situe plutôt du côté de Polynice.

Si l'on ajoute que, dans une version antérieure, Antigone est fille d'une autre épouse d'Œdipe, et non la fille de l'inceste, on voit à quel point, si c'était encore à démontrer, une légende n'est jamais immuable, mais modulable à l'infini, en fonction des questionnements d'une époque, des idées et des engagements de l'auteur qui la traite.

LES VOYAGES D'ANTIGONE À TRAVERS LES ARTS

Le personnage d'Antigone, en particulier tel qu'il a été immortalisé par Sophocle, a été maintes et maintes fois repris et illustré au cours des siècles en Europe. C'est sur la scène qu'il a trouvé ses plus touchantes interprétations.

Théâtre

Certains auteurs ont simplement repris la tragédie de Sophocle en la traduisant, en l'adaptant à leur époque, en modernisant sa mise en scène. Bien sûr, toute traduction, toute adaptation entraîne une interprétation qui s'éloigne plus ou moins de celle de Sophocle.

Citons les adaptations de :
- Friedrich Hölderlin (Allemagne, 1804),
- Jean Cocteau (France, 1922),
- Bertolt Brecht (Allemagne, 1948),
ou la mise en scène de Sotigui Kouyaté (France-Mali, 1999).

D'autres ont fait œuvre originale. Retenons, pour la France :
- *Antigone ou la Piété* (1580) de Robert Garnier,
- la *Thébaïde* (1664) de Jean Racine,
et surtout, l'*Antigone* (1944) de Jean Anouilh.

Musique

Sans quitter la scène, Antigone a inspiré divers musiciens. Citons, au XXe siècle :
- en 1927, l'opéra de Arthur Honegger, sur le livret de J. Cocteau,
- en 1948, l'opéra de Carl Orff sur le texte de F. Hölderlin,
- en 1959, la musique de ballet de Mikis Theodorakis.

Récit

Signalons principalement le beau roman d'Henri Bauchau, qui fait suite à *Œdipe sur la route* :
- *Antigone* (1997), éd. Actes Sud.

Arts plastiques

L'histoire d'Antigone repose sur un affrontement d'idées. Difficile alors de se passer de mots. Ceci explique sans doute pourquoi peu de peintres et d'artistes plastiques se sont emparés de ce personnage.

On retrouve parfois Antigone :

- aux côtés d'Œdipe exilé (peinture de J.-P. Krafft, 1809, Musée du Louvre) ;

- plus rarement face à Créon (amphore grecque, IVe s. av. J.-C., Berlin) ;

- ou près du corps de Polynice (statue de W. H. Rinehart, 1867, New York).

LES FIGURES D'ANTIGONE

Le personnage d'Antigone se construit dans l'action, à travers trois caractéristiques principales. Suivant celle que privilégie chaque auteur, il prend une signification très différente d'une version à l'autre.

Antigone ou les valeurs familiales

Le rôle d'Antigone se définit en fonction de son père, puis de ses frères. Sa situation de fille et de sœur ne l'autorise *a priori* qu'à obéir. Pourtant, c'est là qu'elle puise le courage de lutter, se sacrifiant pour les membres de sa famille, plus exactement pour les hommes de sa famille. Elle sacrifie d'abord sa tranquillité et son confort, quand elle choisit d'accompagner Œdipe en exil. Elle sacrifie ensuite sa vie à peine commencée (elle n'aura connu ni le mariage, ni l'enfantement), en décidant d'enterrer Polynice.

Sophocle lui fait dire : « Je suis née pour partager l'amour, non la haine », et H. Bauchau refuse même d'en faire l'ennemie d'Ismène : les deux sœurs se complètent sans s'opposer.

Antigone : le droit à la résistance

Mais Antigone n'aurait pas d'histoire si elle ne s'opposait pas à Créon et à son édit. Elle devient ainsi symbole de résistance. Résistance à la tyrannie chez Sophocle ou Hölderlin, résistance au nazisme dans l'Allemagne hitlérienne pour B. Brecht. Avec J. Anouilh, la résistance d'Antigone devient plus morale que politique ; c'est l'opposition de la « pureté » et de l'intransigeance adolescentes face aux nécessaires compromis – ou compromissions – du monde adulte. Quant à Sotigui Kouyaté, il transpose la tragédie en Afrique, où Antigone représente, entre autres, la révolte féminine contre un univers masculin. Bref, Antigone personnifie la résistance à toute sorte d'oppression, politique, sociale ou sexuelle.

Antigone et la religion

Enfin, c'est en puisant dans ses convictions religieuses qu'Antigone trouve la force de se révolter. Pour Sophocle, elle s'appuie sur les lois divines, lois « non écrites », antérieures aux lois humaines. Prête à se sacrifier pour ses convictions, telle une vierge martyre, Antigone apparaît, chez R. Garnier et au XVIIe s., comme une héroïne chrétienne, voire une sainte.

C'est une autre lecture qui a été privilégiée par certains philosophes aux XIXe et XXe siècles. Certes, l'on peut voir dans ces « lois non écrites » une image de notre conscience morale, en dehors de toute piété. Mais on peut aussi y trouver les impératifs religieux à l'œuvre dans les fondamentalismes qui nous effraient tant aujourd'hui. Face à cela, Créon représenterait le pouvoir de la cité, l'intérêt général confronté aux intérêts particuliers de la famille et de la religion.

LE MYTHE D'ANTIGONE

Toutes les facettes du personnage d'Antigone, toutes ces versions littéraires ou théâtrales si diverses montrent qu'il s'agit non pas d'une simple légende, mais d'un **mythe**. En effet, un mythe est un récit dont les événements, souvent très graves, ont une signification universelle, intéressant un large public à travers l'espace et le temps.

Or les oppositions mises en jeu dans l'histoire d'Antigone sont au fondement de notre culture, de notre civilisation : au-delà de l'opposition homme-femme, adulte-adolescent, bref : fort-faible, elles nous interrogent sur les lois humaines et la loi divine, sur la justice et la démocratie, sur le pouvoir et ses limites, sur le droit ou même le devoir de désobéissance. •

Lexique

Apollon : fils de Zeus et de Lèto, dieu à l'arc souvent associé à Phœbos, dieu du soleil. Dieu de la musique et des arts (il joue de la lyre et mène le chœur des Muses), dieu de la divination (on vient le consulter dans de nombreux sanctuaires, dont le principal est à Delphes), il se sert de son arc pour envoyer la mort (souvent sous forme d'épidémie). En même temps, c'est un dieu guérisseur.

Arès : fils de Zeus et d'Héra, dieu de la guerre et du carnage. De son union avec Aphrodite (déesse de la beauté et de l'amour) naquit Harmonie, l'une des ancêtres des Labdacides.

Artémis : fille de Zeus et de Lèto, sœur jumelle d'Apollon, armée d'un arc comme lui, elle est déesse de la chasse, souvent cruelle. Déesse vierge, elle protège les jeunes filles jusqu'au mariage. Elle est aussi déesse de la lune, comme son frère est – entre autres – dieu du soleil.

Athéna : fille de Zeus. Sortie tout armée de sa tête, elle est sa préférée. Déesse de la raison et des techniques, elle est aussi déesse de la guerre (guerre raisonnée, par opposition à la force brutale d'Arès).

Autel : amoncellement de terre ou de branches, plus tard construction de pierres sur laquelle on déposait les offrandes aux dieux, on égorgeait les animaux victimes des sacrifices puis on les brûlait. Il est toujours situé en plein air, dans un sanctuaire (culte public) ou dans chaque demeure (culte privé).

Devin : prêtre qui possède l'art de connaître l'avenir, la volonté des dieux. Le plus souvent, il interprète les signes envoyés par les dieux, soit dans les entrailles des animaux sacrifiés, soit dans le vol des oiseaux. Mais certains sont réputés être directement inspirés par un dieu (le plus souvent Apollon), telle Cassandre à Troie, ou la Pythie de Delphes.

Enfers : séjour des morts (il n'y a pas, chez les anciens Grecs, d'opposition du type Paradis/Enfer). On l'appelle aussi : **chez Hadès** ou **royaume d'Hadès**, d'après le nom du dieu des morts. Pour y parvenir, il faut franchir le fleuve qui en forme la frontière : l'Achéron (ou le Styx). C'est Charon qui mène la barque portant les morts. Ceux-ci s'acquittent de leur passage à l'aide d'une pièce de monnaie qu'on introduit dans leur bouche lors des funérailles. Les morts qui n'ont pas reçu les honneurs funèbres sont condamnés à rester sur la rive.

Contrairement à ce qui se passe selon d'autres religions, les morts n'ont plus vraiment d'existence, ils ne sont plus que de vagues fantômes.

Hadès : fils de Cronos et de Rhéa, frère de Zeus. Dieu effrayant, il règne sur les morts dans son royaume souterrain.

Hermès : fils de Zeus et de Maïa, coiffé d'un casque et de sandales ailés, il est le messager des dieux, de Zeus particulièrement. Il est aussi dieu protecteur des voyageurs, des commerçants et... des voleurs. Enfin, c'est lui qui est chargé d'accompagner les morts au royaume d'Hadès.

Libation : offrande à un dieu de quelques gouttes de liquide (vin, lait, eau ou miel), qu'on versait à terre ou sur l'autel. Quand il s'agit de vin, le restant est ensuite bu par les convives.

Offrande : objet offert à un dieu sur son autel, dans son temple ou sur son domaine d'action (les champs, la mer...), pour se le concilier ou le remercier. Certaines offrandes sont fixées par le rite (fruits, farine, gâteaux...), d'autres dépendent du donateur, le plus souvent des objets précieux. On fait également des offrandes aux morts pour les apaiser.

Sacrifice [sanglant] : type particulier d'offrande, puisqu'il s'agit d'offrir au dieu un ou des animaux. L'animal, une fois égorgé, dépecé et découpé, est partagé entre les dieux (graisse et os brûlés), et les hommes (viande bouillie et grillée). Avant cela, un prêtre examine ses entrailles pour y lire l'avenir ou la volonté des dieux. L'animal offert dépend du dieu (animal noir pour Hadès, dieu des Enfers, par exemple), ainsi que de la fortune de celui qui offre le sacrifice ! Les particuliers pauvres « sacrifiaient » des figurines en forme d'animal…

Temple : demeure du dieu, souvent fermée au public. Le dieu y réside sous forme de statue.

Thésée : héros, fils d'Égée (ou du dieu Poséidon), fondateur légendaire de la cité d'Athènes. Il est à la fois le cousin et le concurrent d'Héraclès. Comme lui, il est allé aux Enfers et en est revenu, il a combattu les Amazones et de nombreux monstres. Il a également aimé de nombreuses femmes. Enfin il a accueilli Œdipe errant et lui a permis de mourir à Colone, bourgade près d'Athènes.

Tragédie : forme théâtrale née à Athènes au VIe siècle av. J.-C. et qui s'épanouit au Ve. Elle était représentée lors de grandes fêtes religieuses. Chaque pièce mettait en scène un épisode de la vie d'un héros, menacé par des forces supérieures, dieux ou destin. Pendant toute la pièce, ce personnage cherche à échapper à cette menace, en vain. Rien n'apaise les dieux : le héros est rattrapé et écrasé par son destin.

Zeus : roi des dieux, dieu du ciel et de la foudre. Il est le garant des lois et des serments, et protège suppliants, étrangers et mendiants. Dieu volage, il ne peut résister au charme féminin, chez les mortelles comme chez les déesses. Il est frère ou père de presque tous les dieux olympiens, et père de nombreux héros.

L'autrice,
MARIE-THÉRÈSE DAVIDSON

Marie-Thérèse Davidson est née en 1948 à Paris. Dans sa famille, d'origine étrangère, on lisait beaucoup. Elle-même « dévorait », des contes, des récits, des romans, tout ce qui enflamme le cœur et l'imagination.

Elle est tombée amoureuse de la mythologie dès ses premiers « Contes et Légendes », et du grec dès les premiers cours de 4e. Ces passions durent encore. Pour les partager, elle a longtemps enseigné avec bonheur le français, le latin et le grec.

Aujourd'hui elle écrit des histoires, certaines de son invention, les autres qu'elle bâtit autour de personnages mythologiques.

Ces histoires, ce sont celles qui l'ont fait rêver dans sa jeunesse, celles qu'elle a racontées à ses enfants, à ses élèves et maintenant à ses petits-enfants.

De la même autrice :

Caïn, le premier meurtre, Éditions Nathan, collection « Histoires de la Bible », 2009.

Moïse, entre Dieu et les hommes, Éditons Nathan, collection « Histoires de la Bible », 2010.

La tour de Babel, Éditions Nathan, collection « Histoires de la Bible », 2011.

Œdipe le maudit, Éditions Nathan, collection « Histoires Noires de la mythologie », 2003.

Sur les traces d'Ulysse, Éditions Gallimard-Jeunesse, 2001.

Sur les traces d'Alexandre le Grand, Éditions Gallimard-Jeunesse, 2002.

Sur les traces des Esclaves, Éditions Gallimard-Jeunesse, 2004.

Table des matières

Dans la même collection,
découvrez les premières pages de :

ŒDIPE LE MAUDIT

CHAPITRE I
L'INSULTE

Le banquet bat son plein. Autour des nombreuses tables, les convives sont repus. C'est que Polybe, le roi de Corinthe, est généreux : le sacrifice offert aux dieux a été somptueux, et les victimes – deux porcs et un mouton – grasses et charnues. Soigneusement découpées et rôties, elles ont été presque entièrement dévorées. On a bien bu aussi, plusieurs fois déjà les serviteurs sont allés remplir leurs cruches au large cratère[1] où le vin noir et parfumé est coupé d'eau. Les langues se délient, les plaisanteries fusent, les anciens perdent leur sérieux, les plus jeunes se lancent des défis.

1. *Grand vase.*

À la fin du repas, l'aède[1] vient prendre place au centre de la salle. Il commence à égrener quelques notes sur sa lyre en attendant que le silence s'installe, puis il chante le vainqueur de la dernière course de chars. Ensuite les danses succèdent aux chants, et les bavardages reprennent de plus belle.

À la table des jeunes gens, Œdipe, le fils du roi, rappelle ses propres succès à la course.

– Tu n'es pas le seul à remporter des victoires ! lance Épidamas, visiblement irrité des vantardises du prince.

– Certes, mais je fais mieux que toi, en tout cas !

– À la course de chars, c'est possible… ricane Épidamas, mais tu ne peux en dire autant pour d'autres épreuves.

– Que veux-tu dire par là ?

L'atmosphère est tendue, les convives se taisent, sauf Antiphon – le meilleur ami d'Œdipe – qui ne connaît que trop bien son caractère emporté et tente d'intervenir :

– Allons, cessez de vous lancer des piques ! Vous avez trop bu, et vous dites n'importe quoi !

– Laisse-le parler, insiste Œdipe, l'air buté. Alors, que veux-tu dire ?

– Je veux dire qu'en char, on n'a pas besoin de ses jambes, n'est-ce pas, « Pied-Bot » ? lance Épidamas.

Œdipe s'est levé, il est fou de rage.

1. Poète qui chantait en public les exploits des guerriers ou des vainqueurs aux concours (les *Jeux*).

– Tu n'es qu'un sombre petit jaloux ! Un jaloux, oui ! Bien sûr, on m'appelle « Pied-Bot », et je boite. Mais toi, qui ne boites pas, quelles victoires remportes-tu ? La course à pied, le saut ? Et alors ? Chacun sait que la seule épreuve digne d'un noble ou d'un fils de roi, c'est la course de chars !

– Encore faut-il être fils de roi !

Le silence est de plomb. Œdipe reprend, d'une voix blanche :

– C'est à moi que tu parles ? Je ne suis pas fils de roi ?

Épidamas hésite à peine ; emporté par sa hargne, il jette à la figure du prince :

– Parfaitement ! Tu n'es pas le fils de Polybe, tu n'es qu'un bâtard !

Bâtard ! L'insulte résonne aux oreilles des jeunes convives. Un rapide coup d'œil autour d'eux rassure les moins ivres : dans le brouhaha général, personne ne les a entendus.

Ils tentent de faire rasseoir les deux adversaires qui se sont dressés comme des coqs. En vain : Œdipe, pâle, muet, vacille encore sous le coup. Du regard, il cherche une arme parmi celles qui sont suspendues aux murs de la salle. Mais son ami Antiphon – le plus sage de tous – s'en aperçoit et le retient par l'épaule pour empêcher l'irréparable. Le prince se dégage d'un geste brusque et, sans un mot, quitte la table.

« Bâtard ! Tu n'es qu'un bâtard ! »
Les mots vibrent dans l'oreille du prince. Effondré sur son lit, dans la chambre où il s'est réfugié, il n'arrive pas à réfléchir, trop bouleversé pour penser. De plus, il a l'esprit bien embrumé par le vin ! Finalement, cela lui permet de trouver le sommeil.

Au réveil, ses idées sont plus claires : il lui suffit d'aller demander des explications à ses parents.

En traversant le palais, il ne rencontre que servantes et esclaves, en train de réparer les désordres de la veille. Les regards clairs et les saluts aussi affectueux que respectueux le rassurent. Ses pas sonnent sur le sol, avec cette légère irrégularité que leur donne la boiterie.

Le roi Polybe et Mérope, son épouse, sont dans leur chambre quand arrive Œdipe. C'est la reine qui, la première, l'aperçoit et lui tend les bras, manifestement très inquiète :

– Enfin ! Œdipe, mon fils, que s'est-il passé ? Ton père m'a dit que tu avais quitté le banquet avant la fin !

– Mère, ma mère, sois sans crainte, j'avais simplement mal à la tête, et je ne voulais déranger personne.

Son père le considère, l'œil pénétrant.

– Tu es un bon fils, qui cherche à rassurer sa mère. Mais il y a autre chose : qu'est-ce qui te tourmente ?

Œdipe a baissé les yeux, il cherche ses mots.

Comment parler sans blesser ses parents ?

– Eh bien oui, il y a « quelque chose ». Lors du banquet, j'ai entendu un homme parler de « bâtard » tout en me regardant.

Le couple royal s'est figé, tous deux sont pâles, mais Œdipe ne peut les voir, il a toujours les yeux baissés.

Polybe est le premier à reprendre ses esprits :

– Tu as rêvé, voyons ! Comment peux-tu imaginer que cela te concernait ? Et d'abord, qui parlait ainsi ?

Même s'il n'aime pas beaucoup Épidamas, Œdipe ne veut pas le dénoncer. De toute façon, sa mère ne lui laisse pas le temps de dire un mot :

– Mon enfant chéri, à quoi penses-tu ? Une parole en l'air, dite par n'importe qui, compte plus que tout l'amour de tes parents ?

Sa mère l'enlace, cherche à le protéger de la chaleur de ses bras. Mais Œdipe se sent plus mal à l'aise que rassuré. D'abord, il est trop grand avec ses seize ans pour être bercé par sa mère ! Et surtout, alors qu'il cherche le regard de son père, il n'arrive pas à le croiser…

Conscient de l'inquiétude de ses parents, le prince ne veut pas les tourmenter davantage et regagne sa chambre. Mais durant plusieurs jours, il répugne à en sortir : surtout ne pas voir Épidamas et les autres, même Antiphon…

« Bâtard ! Tu n'es qu'un bâtard ! »

Malgré les dénégations de ses parents, cette phrase le

poursuit. Pourquoi ne pas leur faire confiance ? Mais aussi, pourquoi son père a-t-il détourné les yeux ?

« Bâtard ! Tu n'es qu'un bâtard ! »

Il se tourne et retourne dans son lit, la morsure des mots ne lui laisse aucun répit.

« Bâtard ! Tu n'es qu'un bâtard ! »

Même quand il se décide à sortir pour de longues chevauchées avec Glycos, le jeune esclave crétois qu'il aime comme un frère, il ne trouve pas le repos.

« Bâtard ! Tu n'es qu'un bâtard ! »

Au bout de trois jours de cette torture, Œdipe n'en peut plus du silence qu'il s'est imposé depuis la discussion avec ses parents. Le doute le ronge, son cœur éclate :

– Glycos, si tu étais dévoré par un horrible soupçon, que tu ne peux ni oublier ni révéler à quiconque…

– Parle-moi à moi : c'est comme si tu ne parlais à personne puisque je ne suis qu'un esclave.

– Non, même à toi je ne peux, et pourtant tu sais combien je t'aime.

– Alors, va demander conseil à Apollon, le dieu du soleil. Il révèle le passé et l'avenir par ses oracles : lui seul peut t'éclairer, lui seul peut te rassurer.

Œdipe embrasse Glycos à l'étouffer, il ne se sent plus de joie.

– Comment n'y ai-je pas pensé plus tôt ! Tu as raison, le sanctuaire de Delphes, où la Pythie interprète ses oracles, n'est pas très loin de Corinthe. Nous y serons en trois ou quatre jours. Occupe-toi du char, qu'on prépare les meilleurs chevaux pour les y atteler demain. Et fais nos bagages, pendant que je préviens mes parents !

Pour la première fois depuis le fameux banquet, le mot « parents » résonne dans la tête d'Œdipe sans le faire souffrir.

Dans la même collection

Œdipe le maudit / Marie-Thérèse Davidson
Un Piège pour Iphigénie / Évelyne Brisou-Pellen
Les Cauchemars de Cassandre / Béatrice Nicodème
Les Combats d'Achille / Mano Gentil
Ariane contre le Minotaure / Marie-Odile Hartmann
Le Secret de Phèdre / Valérie Sigward
Orphée l'enchanteur / Guy Jimenes
Rebelle Antigone / Marie-Thérèse Davidson
Hector, le bouclier de Troie / Hector Hugo
Les Brûlures de Didon / Gilles Massardier
Médée la magicienne / Valérie Sigward
Le Bûcher d'Héraclès / Hector Hugo
La Quête d'Isis / Bertrand Solet
Prométhée le révolté / Janine Teisson
Les Larmes de Psyché / Léo Lamarche
Persée et le regard de pierre / Hélène Montardre
Thésée revenu des Enfers / Hector Hugo
Zeus à la conquête de l'Olympe / Hélène Montardre
L'Amère Vengeance de Clytemnestre / Michèle Drévillon
Ulysse, l'aventurier des mers / Hélène Montardre
Romulus et Rémus, fils de Mars / Guy Jimenes
Perséphone, prisonnière des Enfers / Guy Jimenes
Jason et le défi de la Toison d'or / Nadia Porcar
Icare aux ailes d'or / Guy Jimenes
Méduse, le mauvais œil / Anne Vantal
Io, pour l'amour de Zeus / Clémentine Beauvais

DÉCOUVREZ AUSSI...

CAÏN
LE PREMIER MEURTRE
Marie-Thérèse **Davidson**

JUDITH
L'ESPOIR DE BÉTHULIE
Michèle **Drévillon**

JUDAS
L'AMITIÉ TRAHIE
Anne **Vantal**

MOÏSE
ENTRE DIEU ET LES HOMMES
Marie-Thérèse **Davidson**

SAMSON
LE SANG ET LE MIEL
Michaël **Biezin**

MARIE-MADELEINE
LA PROTÉGÉE DE JESUS
Michèle **Drevillon**

ÈVE
LA RUSE DU SERPENT
Flore **Talamon**

LA TOUR DE BABEL
DE LA TERRE AU CIEL
Marie-Thérèse **Davidson**

NOÉ
FACE AU DÉLUGE
Flore **Talamon**

JONAS
LE PROPHÈTE INSOUMIS
Anne **Jonas**

ABRAHAM
LE SACRIFICE IMPOSSIBLE
Sylvie **Baussier**

MIXTE
Papier issu de sources responsables
FSC® C022030

N° éditeur : 10262600 – Dépôt légal : janvier 2011
Achevé d'imprimer en février 2020
par La Tipografica Varese Srl, Varese - Italie